글벗시선 112 정재대 시집

돌에 핀 꽃

정 재 대 지음

도서출판 글벗

머리글

서 문

글을 써서 이력을
중히 여기지 않으며 작품에
대한 평론가들의 비평을
녹일 생각도 없고
유명한 문단의 회원도 아니며
눈 돌아간 원로들에게
아첨하기도 싫다.
다만 작품에 인위적으로
개입된 비양심을
철거하지 않는 그들보다
나 스스로 깨닫기를 원하며
허명에 마음 둘일 없으니
밀짚모자를 쓰고 삽자루를 둘러맨
허리 휜 농부와
거듭된 실패로 찌든 상공인
건설현장의 잡부와
늙은 작부들의 삶의 애환을 노래하며

자의든 타의든
불가촉천민처럼 말단의 삶 속에서
한숨짓는 이 들과
세사에 시름겨워
털썩 주저앉은 삶의 공간에서
펼친 시 한 편으로
눈시울을 적실 수 있다면
문학계에서의 인정보다
사회적 약자들과
공감할 수 있는 글을 쓰며
삶의 의미를 부여할 수 있으면 족하며
현 삶에 도취하지 않고
소확행을 위해
신심信心이 흔들리지 않는
그들과 함께할 수 있는 글쟁이가 되고 싶다.

함께해 주신
고운 마음 헛되지 않도록
좀 더 좋은 작품으로
다가갈 것을 약속드립니다.

2020년 9월

정재대 드림

차 례

돌에 핀 꽃

정재대 시집

돌꽃(1)

천년바위를
굴리며 보석의 꿈을
좇던 삶을
묻는 이 어디 있거든
이대로 전해 주렴
바보처럼
땀을 흘리며 걸어온
고해의 길
*육허에 때 묻힌 일 없고
꿈을 키우기 위해
인연 따라 행한 일무위이나
티 없이 맑고
아름다운 삶을
살았다고 전해 주렴
별보다 빛나는
돌꽃은 고독한 나그네
평종을 접고
세상사 모두 잊은 채
청아한 삶을 살며
피운 꽃이라고 전해 주려무나

* 육허(六虛): 천지와 사방을 통틀어 이르는 말

어머니(1)

세속에 얽매이지 않는
파락호가 있었기에
돋보였다지만

삶의 *궤적은
눈물뿐이었으니
괴던 마음 어이 아프지 않았으리요

*반결을 풀며
헌신만 하신 삶

짧아도 길게 남을 눈물에 흐려진
*밀어를 찾아 *궁벽한 곳에서
서하의 밤을 헤맵니다

울 어매 떠나실 제 두고 간 사랑 하나
그 사랑 너무 크고 무거워 줄이려니

눈물로 덜어낸 곳은 그리움이 채우네

먼 길 떠나신 지 오래여도
그리워 하도 그리워
무시로 어머니를 찾나이다.
잊을 수가 없어서 하도 그리워

*궤적(軌跡/軌迹): 1. 수레바퀴가 지나간 자국이라는 뜻으로, 물체가 움직이면서 남긴 움직임을 알 수 있는 자국이나 자취를 이르는…
2. 어떠한 일을 이루어 온 과정이나 흔적.
*반결(盤結): 서리서리 얽힘.
*밀어(蜜語): 남녀 사이의 달콤하고 정다운 이야기.
*궁벽(窮僻): '궁벽하다(매우 후미지고 으슥하다)'의 어근.

돌꽃(2)

척박한 극한 심산 기암괴석에
*허근을 내리고
자리를 튼 *변천의 꽃이여

햇살엔 바삭 부서질 것 같고
혹한엔 꽁꽁 얼어야 하는 극지에
모진 삶을 살며

밤이면 성근 별을 품고
온갖 미물의 *공음을 듣고 흘리며

심산을 휘감은 운해와
이슬을 머금어 피워낸
청정한 곳의 귀물 고귀한 꽃이여

화려하지 못해
눈길 한 번 받지 못해도

해와 달을 살라 먹고

백초와 울창한 숲을 키워낼
생태계의 보배여

무지해 *투견은 보지 않고
스쳐보았으니
*고고한 너의 귀한 존재를
내 어이 알았으랴

쉽게 볼 수도
꽃잎 한 장 쉬 딸 수 없는
암벽에 핀 고귀한 꽃이여

험난한 세상을 꿰뚫어
보지 못하고
세월을 사르며 구름이 이는
척박한 심산에 한으로 핀 꽃이여

*허근(虛根): 밑바닥에 짧은 헛뿌리가 밀생함.
*변천(變遷): 세월의 흐름에 따라 바뀌고 변함.
*공음(蛩音): 귀뚜라미의 우는 소리. 벌레의 우는 소리.
*투견(透見): 겉으로 드러나지 아니하는 참모습을 꿰뚫어 봄.
*고고(孤高): 혼자만 유달리 고상(高尙)함

삶의 기술

마음을 흔드는 유혹에
삶의 즐거움은
재물에 미혹되어
탐욕과 집착에 사로잡힌 채
충족될 수 없는
욕망의 불꽃을 끄지 못하고
건강과 행복을 바라지 말며
황금에 의지한
*화양연화는 바라지 마라
하루 한 달 한해의
해넘이도 아쉬운 인생
눈에 보이는 것은 가지고 갈 수 없고
보이지 않는 것은
하늘을 찌를 견문과 학식
덕망밖에 없으며
불행의 싹은 탐욕 속에 있고
행복의 싹은 마음속에 깃들어 있다
삶에 철학을
부여하지 않아도
*정량의 삶을 살아가야 하는
삶의 기술은

헛된 자존심을 버리고
탐욕의 덫에서 벗어나
유혹을 뿌리치는
절제의 마음을 가져야 하며
위선자와 속물을
가까이하지 말고
배려심이 없고 이기적이며
자기 이익만을 추구하는
의리 없는 자를 멀리하는 것이
소확행의 지름길이다
노력을 않고
절로 오는 것은 없으며
긍정의 마음속에
행복이 있고 부정의 마음속에
불행의 씨가 있어
나부터 위선과 이기적인 마음과
속물근성을 버리는 것이 진정한
삶의 기술이다
다만 오늘을
무의미하게 보내려거든
내일을 기대하지 마라
내일도 오늘과 같으니

*화양연화(花樣年華): 인생에서 가장 아름다운 순간
*정량(貞諒): 마음이 바르고 성실한 것

인생길(1)

청운의 꿈 한 자락
사랑 한 자락에 청춘을 걸고
꿈 찾아 사랑 찾아
희망의 길을 나선 인생길
천천히 가는 것은
겁내지 않아도
덕을 쌓지 못한 채
멈춰 서는 것을 걱정하는 것은
주어진 일에
최선을 다하자는 것이며
멈춘 곳이 곧
끝난 곳이기 때문이다
인생길은 멀고 힘든 듯해도
어떤 목적을 향해
일에 취했을 때는
느끼지 못했던 것을
멈추거나 *궤적 때문에

빠른 것을 느끼니
신심으로 하는 일 못할 것이 없으나
인생길은 신심이
있으나 없으나 고행이니
내 몸에 대우 없고
뜻대로 마음대로 되지 않아도
어리석고 미련했기에
발밑 박토에 행복을 키우지 못하고
세월의 길목에서
물레방아처럼 돌고 도는
운이 깃들 때까지
행복이라는 종점을 찾아
간단없이 가는 것이다

*궤적(軌跡/軌迹): 수레바퀴가 지나간 자국이라는 뜻으로, 물체가 움직이면서 남긴 움직임을 알 수 있는 자국. 어떠한 일을 이루어 온 과정이나 흔적
*신심(信心): 의심이 없이 믿는 마음 / 두터워 흔들리지 아니함.
*간단(間斷): 잠시 그치거나 끊어짐.

어머니(2)

자식 점지 고대하며
불철주야 빌고 빌어
귀하게 얻은 자식

호호 불면 날아갈까
일평생 품에 안고
애지중지하시고서

당신의 몸은
산산이 부서질 듯해도
괜찮다시며 헌신만 하시다가

가시던 날
내려놓은 *불초소생은
*몽매난망 하며

태산 같은 님의 은혜

봉제사로는 갚을 수 없어
한을 풀 수 없으니

불효를 후회하며
느꺼움을 참지 못하고
*복지유체할 뿐입니다

*사자嗣子까지
두지 못한 불초를
용서하지 마옵소서

*천형이라도
달게 받겠습니다. 어머니
하나 이를 데 없이 보고 싶습니다

*몽매난망(夢寐難忘): 꿈에도 그리워 잊기가 힘들다.
*복지유체(伏地流涕): 땅에 엎드려 눈물을 흘림. 이를 데 없이, 정도가 굉장하여 이루 다 말할 수 없이.
*불초(不肖): 못나서 부모님을 본받지 못했다는 뜻이지요.
*사자(嗣子): 대(代)를 잇는 아들
*천형(天刑), 천벌(天罰): 하늘이 내리는 큰 벌.

일월日月

진산을 넘나드는
해와 달은 차고
기울어도 변치 않고
야천의 별들은 차례로
펼쳐 길을 알리며
무색, 무취의
증기가 엉겨 이슬이 되고
이슬이 맺혀 서리가 되며
바람은 구름을 움직여
눈비를 내리고
무심한 강물과 세월은
밤낮없이 흐르며
계절은 갈마들어
꽃은 피며 웃고 나는 늙으나
자연의 섭리인
가고 옴의 심오한
진리를 거스를 수 없는 것을

*이학이 전부라서
미성에 체율체득 했을 일들을
*해실을 못했으니
*체휼할 이도
원망할 곳도 없이
풍진 세상을 견딘 살빛에
헤실헤실한 웃음조차 잊어버린 채
초로가 되어 깨우친 것이
부끄럽기 그지없거늘
꽃 속에 깃든
*선약을 찾아 무엇하랴
낮달 같은 마음 한량없도다

*해실(該悉): 광범위(廣範圍)하게 다 앎
*이학(耳學): 귀동냥으로 배운 지식
*체율체득(體律體得): 몸으로 직접 느끼고 얻는 것. 머리로 아는 것, 이해하는 것도 아주 중요하지만 그보다 더 중요한 것은 내 몸으로 깨우치는 것
*체휼(體恤): 처지를 이해하여 가엾게 여김
*선약(仙藥), 선단(仙丹): 신선이 만든다고 하는 장생불사의 영약. 효험이 썩 좋은 약

기다림(1)

명리를 갈구하다
젖은 꿈을 말리는 햇살은
어제보다 깊숙하지만

서리꽃 같은 그대는
청보리 피는 찔레꽃머리에도
오시지 않고

소쩍새 보릿고개 사연
애절한 삼경의 밤

구멍 난 창호를 통해
프리즘 된 달빛도 홀로 누운 좁은
방 안에 환상적인데

밝은 눈을 통해
들어온 그대의 촉

뇌를 돌고 돌아
가슴 한켠에 자리를 틀기까지

파스텔 톤 빛인들
그대에게
견줄 수 있었으리요

임이여,
화려한 빛깔 하얗게
퇴색하기 전에
붉은 가슴 까만 숯덩이 되기 전에
밤꽃 향 말라
멎기 전에 배시시 웃으며 오소서

가슴으로 운다

희미한 새벽 등불처럼
신기루 같은 명리를 좇다 지쳐
고단한 삶 겨워하니

본데없어 끊긴 인연인 양
불나비도 찾지 않는 봄은
사위어 가는데

*윤기 베는 칼 없거늘
온기 없는 손 먼저 내밀지 못한
아린 심정 어쩌라고

찔레꽃 원혼 같은
하얀 마음 한 조각
*향설로 나부낀다

오월에도 녹지 않는 가슴

시린 눈물 되어
*목밀 같은 몰골을 타고

윤슬이 부서지는
강기슭 줄풀에
영롱한 이슬로 맺힌다

용서받지 못할
서글픈 마음 둘 곳 없거늘
청운의 *웅지마저
이제 *벽공에 날갯짓한다

*윤기 베는(倫紀**): 윤리(倫理)와 기강(紀綱)을 끊거나 자르거나 가르는, 또는 무너뜨리는. 비유적으로 "인륜(人倫)과 천륜(天倫)"을 끊거나 잘라버리는
*향설(香雪): 향기 있는 눈이라는 뜻으로, 흰 꽃을 이르는 말
*목밀(木蜜): 대추
*웅지(雄志): ① 웅장(雄壯)한 뜻 ② 큰 뜻
*벽공(碧空): 푸른 하늘

청춘(1)

황금을 짊어지고
거지들에게 사정을 하는
못난이들아

패기와 자존심은 어이하고
고뇌에 쌓여
등신불 앞에 합장을 하고
무릎을 꿇은 채
중생을 구제해달라고 빌고 앉아
흔들리는가

담대하고 당당하지 못하고
고개 숙인 풀죽은 모습에
가슴 한 켠 아리지만

지체 말고 분마에 올라
젊음의 고삐를 감아쥐고

자신을 채찍으로 다스려라

피 끓는 정열을 두고
거지발싸개같이
구역질 나는 기성세대들에게
빌붙을 생각을 하지 마라

추구하지 않으면
청춘들의 눈물로 흐르는
망각의 강은 마르지 않는다

좋든 싫든
그들이 일궈놓은 터전을 달려라
덤 없는 삭막한 세상
조금 힘든 듯해도
거저먹는 좋은 세상이다

필설로 어이 다하랴만
최선을 다한 삶
추억의 보물이 두둑해
성취의 획을 그을 수 있으리라

사월(1)

청보리 이랑마다
따스한 햇살 갈라 살포시 덥고
봉긋한 허리
괜스레 부끄러워하는데

주린 배 조르다 지쳐
등에 붙은 빼꼼
물 한 바가지로 달래고 돌아설 때

샘터의 찔레 망울망울
수줍은 하늘가에
꾀꼬리 종다리 흥겨워도

사월이 저물어 돌아보니
산도 강도
암흑의 강에 잠기고

새벽닭 홰를 치며
우는소리에 창호를 여니
사월의 뒷모습 가물가물 멀어지네

단벌을 갈아입고
등 떠밀려가는 너는
미련 없어 좋겠지만
열두 구비 그리움은 어이하면 좋으랴

기다림 (2)

들국화 피고 질쯤
갈잎을 밟고 가며

꽃피는 춘삼월에
오신다. 언약한 님

온종일 까치발에
기린목 되었는데

뉘 품에 고이 안겨
세월을 삭히는고

파락호 *유련황락
내 익히 알지만은

히어리 봄 노래에
언 마음 녹아들어

찔레 향 삼베에 싸서
임에게 보내 놓고

찔레꽃 원혼처럼
새하얀 모습으로

밤꽃 향 그윽할
초하의 밤을 고대하며
긴 긴 밤을 지새네

*유련황락(流連荒樂): 이곳저곳을 놀러 다니며 주색에 빠짐

성정性情

나무가 고요해도
바람은 멈추지 않고

할 일을 하지 않는다.
세월은 기다려 주지 않으며

깨어있는 이에게
밤은 길고

고달픈 자에겐
지척도 천 리이나

물과 길은 선인도
악인도 가리지 않으니

스스로 자신을
다듬는 재주를 익혀

추억을 더럽히지 말고
걸림이 없는 바람처럼 떠나

*속퇴를 한 파계승처럼
남은 밑천 본심뿐이니

오동에 품은 뜻
잘못되었다 해도

한을 품지 말고 *보헤미안처럼
성정대로 살아라,

덕을 쌓아 마음을 얻는 자가
세상을 얻는다

*성정(性情) : 타고난 성질과 성품. 인간이 태어나면서부터 지니고 있는 본성
*속퇴(俗退) : 출가하여 승려가 되어 수행하다가 다시 속인으로 돌아감.
*보헤미안 : 속세의 관습이나 규율 따위를 무시하고 방랑하면서 자유분방한 삶을 사는 시인이나 예술가.

약속

마로니에 추억 아련해
이제는 잊은 줄 알았는데

남몰래 찾아든
그리움에 가슴이 아파

긴 밤을
지새며 잊으려 해도

철없던 지난 시절
잊히지 않아

두 손을 모으고
용서를 빌며

지난날을 후회하며
눈물을 흘리지만

보랏빛 사랑의 상처
아물지 않아

봄비를 맞으며 찾은 그곳엔
지금도 약속의 꽃은 피고 있었네

고향의 봄

머언 월악산에
봄눈이 녹으면
뱃사공 팔뚝에 힘이 오르고
마지막 남은 천년 주막
술 익는 향에
백초처럼 생동감이 넘쳐흐르는
강 셋 산 셋 정겨운 곳
나루터 고목에
열두 굽이 돌아들어 노지 꽃
피고 지는 나른한 봄
배 띄워 징 장구 울리는
꽃 같은 청춘들은
화전놀이 흥겨운데
길목을 지키는
멀대같은 장승은 졸고
그리운 님의
삼재를 비는 진또배기에

왜가리 앉아 쉬는 오후
누렁이 눈에 품은
정처 없는 흰 구름길을 물어도
두뭇개 노을은
답 없이 서산을 넘고
암흑에 잠긴 밤에
네 사랑 내 사랑 잊힐세라
진산이 달을 토하면
강 건너 백석에 개짓는 소리
적막을 깨는 밤
만화가 피고 지는
고독한 나그네의 그리운 고향

*두뭇개 : 성동구 옥수동앞의 한강을 말함.

여심

진흙 속에서 자라
화려하지 않아도 청결하고
고귀한 연꽃처럼

진실하게 다가와
가슴을 적시는 달콤한 한마디에
사랑의 꽃을 피웠습니다

지고 마는 꽃이기보다
님 향한 번뇌를 참지 못한
파계승 같은 그대 곁에
변함없는 해어화로 함께하고 싶습니다

언제나 그대 가슴을 흔드는
그리움으로 남아
소원해질 때마다
여백을 메우는 동심원이고 싶습니다

새벽을 알리는 범종의
맥놀이같이 그대 앙가슴을 울리는
순결한 여운이고 싶습니다

선탑에 앉아 잊으려는
상념에 잠길 때마다
마음을 일깨우는 죽비이고 습니다

의연하지 못한 마음을 달랠 때
남몰래 찾아드는 그리움에
눈물을 삼키며 읊을
시 한 편 죽간에 남기고 싶어 밤을 지새다

만사를 저버리고 떠나는
그대를 돌려세워 똑닥 똑닥
바른 길을 알리는
목탁 같은 존재이고 싶습니다

* 죽간竹簡, : 대나무를 길쭉하게 잘라 겉면을 깎고, 거기에 글씨를 쓴 것이다. 대나무 아닌 그냥 나무 조각에 쓰기도 했다. 이때는 그냥 목간木簡이라 한다

청춘(2)

속절없이 가는 청춘
꿈을 위해 미루고 주저하며
물러서거나
위험을 피하지 않았고

젊음의 정열을 밑천 삼아
벅찬 가슴 뜨겁게 대처하며
열정을 다했다

좌절하지 않고 하면 되리라는
막연한 기대 속에
태워버린 청춘
간절하고 절박함은 저만치 두고
가버린 세월

굽이굽이 지나온 길 돌아보며
시름에 젖은 눈빛
골 깊은 한숨

얼마나 더 힘들고
얼마나 더 아파야
삶의 무게를 덜 수 있단 말인가

지치고 고된 삶
우술처럼 불거진 마디
잿빛 육신만 남아 하늘하늘하다

글맛

온갖 꽃이 피고 지고
시어가 흐르는
잔인한 사월의 밤

한 꼭지 시를 위해
고뇌를 하는 너덜 길에서
*앉은 석두가 찾은 시어들이

맛과 촉燭이
나지 않자 재주 탓을 하며
해어화를 찾아 먼 길을 가

악몽 같은
재회가 될지라도

풍광이 수려한
어느 고을 따뜻한 구들방에

잠든 그대를 깨워 품에 안고

내려다보고 쳐다보며
여명이 밝아도 놓지 않을 테니

*금자무뇌의
한을 풀 수 있을 때까지

잔인한 계절이여
노지 꽃 향에 취해
사월의 꽃 머리에 머물러다오

*앉은 석두(石頭): 그 자리에 앉아서 잊어버리는 돌과 같은 머리라는 뜻으로, 머리가 매우 둔한 사람을 이르는 말.
*금자무뇌(金者無腦): 돈만 제일로 여기는 자는 머리에 든 게 없다. 즉 석두 중에 상석두다.

불효

나를 부르지 마라
그냥 홀로 자란 듯
전처럼, 언제나 그랬듯이
너의 삶을 살 거라
지난날 헌신한
타래 같은 얘기를
주섬주섬
해 주고 싶다만
모든 것을 삭히며
지금처럼 이렇게 살다 가련다
늙고 병든 어미
돈 필요 없으니
돈으로 효도하려는
생각을 버려라
아들딸들아
그간의 삶도 벅찼으니
새초롬한 모습으로

투덜거리며 눈 흘기지 마라
못 배운 놈이 효도하고
굽은 솔이 선산을 지킨다더라
얼마나 산다고
이제 와 훈계를 해서 무엇하랴
차라리 이제 나를
어미라 부르지 마라
박복한 죄업으로 안고 가련다

붓

붓을 들어
좋은 글 한 자락
펼치지 못하고

늙어
초췌해졌지만

임자 없는 바람 구름
수려한 산수

사계를
탐해도 좋다는데

어이
글 구멍 탓을 하며
붓을 놓고
책상머리를 떠나랴

향수

형형한 눈빛으로 반기며
손잡아 줄이 없어도
추억에 젖어드는 그리움

고향에 뜬 별은
눈이 부시고 도원 같은
산수는 여전히 아름다운데

초로들만 남아
초라해져 가는 얼 담긴 명성은
뉘 지킬 것인가

나루터의 추억 하늘하늘해도
산새 물새 우는소리
강물은 오늘도 변함없거늘

텅 빈 고향을 외면한 채

오고 가지 않는
그대들의 저의는 무엇인가

*명리에 매인
*부생이 싫어서인가

나 또한
녹녹하지 못한 세사에
물어뜯기며 비명조차
지르지 못하고 타관을 떠돌다

도리를 다하지 못해
가슴을 치며 불러도
사랑하던 님은 대답이 없고

가고파 기어이 가겠노라고 해도
지은 죄 너무 많아
어금니를 깨물며 눈물 없이는
갈 수 없는 고향

그리워하는 마음

끊어질 듯 끊어질 듯해도
끝내 이어지는
간절함을 뉘 막을 것이며

고향의 사상을 가슴에 안고
잠들지 못하지만
내 고향 삼강에서 피어난
인성의 꽃을 뉘 꺾을 것인가

*사자를 두지 못해
통곡할 상주가 없어도
*청징하게 고향에 살다 가리라

*명리(名利): 명예와 이익을 아울러 이르는 말
*부생(浮生): 덧없는 인생
*사자(嗣子): 대(代)를 잇는 아들
*청징(淸澄)하다: 맑고 깨끗하다

낙화

산과 들에 파스텔 톤
물감을 흩뿌려놓고

화려한 너와 함께
왈츠를 추던 고즈넉한 별밤이
성스럽기까지 했어도

이제 내가 잊어야 할
슬픈 그대는 낙화
넌 인연마다 눈물바다.

지는 꽃잎만큼
이별의 소야곡을 불러주고 싶지만

고운 옷 벗어놓고
초록으로 갈아입으며
달음박질치는 새벽길

떨어지는 꽃잎의
적요 속 한설 같은
이별의 세레나데를 들으며

눈물도 마르지 않은
너를 모질게 밟으며 걸어도

섭리일 뿐
인위적이지 않았으니
뉘 삿되다 하지 않으리다.

탁류

온갖 꽃을 어르는 봄바람에
세상을 등지고
성성한 백발을 빗기며
쉼 없이 간다
풍상에 찌든 파락호
*상재 못할 글을 쓰며
여백이 없이 살아온 인생길
무엇이 기다릴지
알 수 없는 조붓한 길을
조바심이 없이 간다
어떻게 될지 어떤 모습일지
탐욕과 위선의
*탁류가 흐르는
비길 데 없이 치졸한 풍진 세상
잘 간다 못 간다
*탁유를 하지 않으면 어떠랴
희망이야 있건 없건

좋은 세상에
왔다 가면 되었지
허세로 가득한
혼탁한 세상을 역겨워하며
너와 내가
*비견을 하지 않으면 어떠랴
예순 령을 넘어가는 석양 길
*면면하지 못할
삶의 끝자락에 답이야
있든 없던
인생 멘토를 만나 알아보리라

*상재(上梓): 책 따위를 출판하기 위하여 인쇄에 붙임
*탁류(濁流): 흘러가는 흐린 물
*탁유(託喩): 다른 일에 빗대어 타이름
*비견(比肩): 앞서거나 뒤서지 않고 어깨를 나란히 한다는 뜻으로 낫고 못할 것이 없이 정도가 서로 비슷하게 함을 이르는 말
*면면히(綿綿): 끊어지지 않고 죽 잇따라

추억 여행

차디찬 봄바람에
나비가 된 꽃잎
실버들 늘어진 호수에 내려앉아

산 제비 남기고 간
동심원을 따라
부평초랑 벗하여 먼 길을 간다

오동이 품은 뜻
알지 못하고
낙동강 굽이마다
서린 한을 엮으며 이별 여행을 간다

너희야 왔다 가면
그만 일지 몰라도
열두 굽이 기다리는 나는 야 구만린데

봄바람 탓을 하며
구포로 간다드니
꽃이야 또 핀다지만
동행한 강물은 개명까지 해버렸네

그리움(1)

연기도 나지 않는
사랑의 불 피워놓고
영원한 인연 빌며 견고히 다져 봐도

간절한 염원들은
덧없이 흩어지고

초라니 같은 임은
미소를 머금은 채
춘삼월 꽃을 보듯 곁눈질만 하며

사랑한다는 말에
관심이 없는 듯
답을 하지 않아 애원을 할 때

속절없는 말 한마디
나를 잊겠다. 하니

아! 이 또한 누구의 허물인가

봄풀 같은 사랑의 꿈
깨어나지 않았거늘
이슬비에 젖어 울며 속을 태우다

망상 속 속됨만 남은
번뇌의 삶일지라도
앙가슴에 사는 그대를 사랑하리

하소연할 곳 없이
골백번 죽고 죽어도
내 안에 사는 그대를 그리워하리

황촉불 밝혀두고
울다가 보면 사랑도
그리워하는 나의 마음도 익어가리

길목

초라니 같은 봄바람에
토끼 꼬리 같은
세월을 둘러맨 홍 청매
눈물을 훔치며

이랑마다 따스한 햇살
갈라 덮은 청보리 길을
미련을 두지 않고 가네요

마파람 꽃망울을 흔들어
오만한 자태로
눈을 시리게 하는
잔인한 사월로 가네요

잔설 속의
서러움 잊으려고
연둣빛 스카프를 두르고

하얀 원혼이 되어
목련 개나리 진달래에게
조막손을 흔들며

봉긋한 허리가 부끄러워
눈웃음치는
청보리길을 따라
요염한 꽃 머리를 찾아 사월로 가네요

불가촉

한 땅에서 나는 오곡
백과를 먹어도
땅은 분별을 하지 않고

한 바다에서 나는 고기와
소금을 먹어도
바다는 분별을 않는데

쪽 뜰의 중생들은
짊어지고 가지 못할 것을
제각각 분별을 하네,

우민을 희롱하는 자들아
만화가 피어
귀천을 따지더냐.

하늘과 땅 해와 달

그리고 바다와 바람이
분별심을 드러내더냐.

덕을 쌓지 않고
해탈하지 못한 자들아
엽전을 흔들며
중생의 마음을 사려 마라

타심통이 있다 한들
불멸의 진리 앞에 초라한
인간일 뿐이니

권력을 내세워 불가촉의
족쇄를 채우려 하지 마라

*타심통(他心通): 남의 마음속을 꿰뚫어 볼 수 있는 신통한 능력

움

하늘아 망망대해야
너를 향해 두 팔 벌려 소리치다

때론 넋을 놓고
슬픔에 잠긴대도
살아 있는 한 세상은 내 것이다

부를 갈망하다
사랑을 갈구하다

*움도 싹도 없는
메마른 가슴
싸늘해지기 전에
다시 한번 씨를 뿌리자

나그네 살아 있는 한
천국 같은 광야는 내 것이다

*움을 지르지 마라
세월아 깝치지 마라
꿈이 살아 있는 세상은 내 것이다

*움도 싹도 없다: 장래성이라고는 도무지 없음을 이르는 말
*움을 지르다: 자라기 시작하는 세력이나 힘 따위를 꺾어 버리다

등대

장승과 진또배기처럼
모진 비바람
차디찬 눈보라를 맞으며
희망의 불을 밝혀
나의 길을 인도하는
반쪽의 뜰에 우뚝 선 등대여!
거친 풍랑이 몰아치는
아득히 먼 바다에서
반가운 너를 보고도
자유를 갈망하는 나는
구멍 난 쪽배를 타고 울고
춘삼월 만화로 뒤덮인
얽매이지 않은 산하는 웃어도
살얼음이 낀
외나무다리를 건너며
군신들의 *장요작태를
보지 않으려고 해도 봐야 하고
듣지 않으려 해도 들어야 하는
안타까운 삶을

스스로에게 묻지만
반쪽의 뜰은 나의 삶터이자
고향이기에 고통 속에서도
싫다는 말과
슬픔을 내비칠 생각은 없다
자유와 평화
행복을 갈망하다
꿈과 목적지를 잃은 것처럼
사상과 이념을
이해하지 못한 채
느꺼움을 참는 것도 모자라
가물거리는 등댓불조차 꺼질세라
노심초사하는
못난 자신이 미워
피눈물과 곡성으로 피운
만화가 가득한 산하를 보며
자유를 잃은 자들의
불가촉의 족쇄가 싫어
티끌 같은
정을 남기려고 스스로에게 묻는다

*장요작태(妝幺作態): 시침을 떼며, 짐짓 어떠한 체함

그대여(1)

상춘길 떠나와서
여숙에 들었으나

목련 같은 임 그리워
잠이 오지 않는데

*창연한 달빛은
고즈넉한 뜰에 핀 매화를 비추고

봄바람은
살랑이며 밤마실을 가는 여인
치맛자락을 날리니

그대여
오죽이 서걱거리며
절개를 자랑해도

색계를 벗어나지 못한 중생
금조의 가락에 취해
세레나데를 부를 테니

매화 향 그윽한
이 밤 옷고름 풀기를
아까워하지 말아 주오

*창연(敞然): 창연하다(드높아 시원스럽다)'의 어근

세월

소 치는 아이 보리피리 불며
봄을 재촉 터니

아카시아 찔레 향에 취해
깨지도 않았는데

훈훈한 바람에
골골마다 밤꽃 향 그윽하고

복더위 넘기느라
합죽선 너덜너덜 해어지니

귀뚜리 우는 비탈길엔
들국화 갈바람에 자지러지고

잔설이 남은 뜰에
봄꽃은 다시 피는데

치명적인 모습을 한
해어화 우리 님은 오지 않고

세월은 이렇게 봄은
실없이 이렇게 또, 또 왔다 가네

영자影子

여독을 털고 맞이한
상쾌한 아침 뜰을 내려서자
서쪽으로 큰 키를 자랑하며
따라나선 *영자
오늘도 일거수일투족을 함께하며
눈으로 나쁜 것을 보지 말고
귀로는 음란한
소리를 듣지 말고
입으로 거만한
소리를 하지 말되
몸은 정갈하게 하고
거만한 걸음걸이를 하지 말고
음흉하고 교활한 행동을 말며
타인의 잘못을 보거든
따라 하지 말고 지혜롭게 고쳐
행동을 바르게 하라고
지켜보고 있을 뿐

*조소하지는 않는다
서북을 돌아 정오엔 난쟁이
잠시 낮춘 키
다시 북동쪽을 향해 키우다
오늘도 길게 누워 손을 흔들고
사라지는 영원한 스토커 넌 그림자

*영자(影子): 그림자
*조소하다(嘲笑**): 흉을 보듯이 빈정거리거나 업신여기다.
또는 그렇게 웃다.

기다리는 마음

봄 햇살을 가린
한 조각 뜬구름 모였다
흩어지고 만산에
꽃이 피면 꽃에 반하리
무덤가에 돋은
산채의 맛에 끌려 봄바람에
성성한 백발 날리며
산막에 사르리
물소리 새소리에 취하고
술잔엔 꽃잎이 떨어지니
화주에 취해 사르리
꽃이 지고 금조가 울면
그리운 님 오시겠지만
봄 향에 취해 늦으시면
화남을 안고 기다리다
정처 없는 봄 나그네 되어
오시지 아니해도

임 향한 마음
가슴 한켠에 품었으니
서운타 않으리
걸음마다 수려한 산수 있고
봄바람에
산천초목이 춤을 추니
기다리는 마음 가없어도
그대뿐이네
삼수갑산에 살며
신주 굶듯 해도 그대뿐이네

* 화남花籃
① 꽃바구니. 무늬가 들어가 있는 바구니.
② 꽃바구니. 화초나 꽃가지 따위를 담아서 꾸민 바구니.

춘사春思

봄바람 불어오지 않아도
저절로 반쪽 뜰에
상큼한 향 가득 퍼지고

먼 산에 잔설 남아
옷깃을 여며도 주려마다
홍 청매 피고 지니

포강 둑 버들가지
노릿하게 물이 올라

바람결 따라 나부끼며
수변 위에 덧칠하던 산수화 속에
꾀꼬리 종다리 한 쌍씩 날고

듬성듬성 돋은 줄풀 사이
와란 속에 까뭇까뭇한

어린 생명 꼬물거리는 모습이 정겨워
무봉의 시 한 수 읊고 싶어도

혜안이 없어
포강 언저리에 숨은
수려한 시어를 찾지 못하는 것을
탓을 해 무엇하랴

봄을 괴는 마음이야 지랴만
구이지학이 전부이니
실컷 보고 가면 되었지.

*춘사(春思): 봄을 느끼는 어수선하고 뒤숭숭하게 설레는 마음
*주려(州閭): 고을과 마을을 아울러 이르는 말
혜안慧眼,모든 현상을 꿰뚫어 보는 지혜의 눈.
구이지학口耳之學,남에게 들은 것을 그대로 남에게
*무봉(無縫): 천의무봉(天衣無縫)에서 딴말. 선녀(仙女)의 옷에는 바느질한 자리가 없다는 뜻으로 ①성격이나 언동(言動) 등이 매우 자연스러워 조금도 꾸민 데가 없음
②시나 문장이 기교를 부린 흔적이 없어 극히 자연스러움을 이르는 말. 곧 흠잡을 데가 없다. 완벽하다는 뜻

천국

내 삶의 언저리에
가난한 이웃과
늙고 병든 자들이
예수님이요
부처님이니
무릎 꿇고 두 손 모아
기도와 절을 하며
간절히 찾지 마라
행복과 고통이 공존하는
이곳에 천당 지옥 있으니
힘자라는 만큼
성심성의껏
나누고 베풀며 성정대로
올곧게 행하는 그대
고운 마음속에
예수님 부처님 있고
삶 속에 천당 극락 있으나

본질을 깨닫지 못한
우매한 중생들이
누가 누구를 인도한단 말인가
죽어서 가려 말고
사는 동안
천국 같은 이곳에서
예수님 부처님처럼 살다 가자.

*성정(性情): 타고난 성질과 성품. 인간이 태어나면서부터 지니고 있는 본성

회상(1)

초로의 문턱에 서서
밤하늘 성근 별을 바라보며
상념에 젖어
지난날을 회상하니

샘솟던 강인한 의지와
풍부한 상상력
꺼질 줄 모르고 타오르던
정열은 세월과 동행을 하고

쪼글쪼글한 마음은
신선한 정신도
두려움을 물리칠 용기도 없으며

*이상에
감정이입이 되지 않아
열정도 식어버린 채

*소연한 희망의 영감조차
끊어졌으니

*무심 *허심
*공심을 실천하며
*천심을 따르고

지난 세월 돌이켜
탄식하지 않을 것이며
*무상무념으로
남은 삶을 살다 가리라

*이상(理想): ① 생각할 수 있는, 가장 완전(完全)한 상태(狀態)
② 실현(實現)하고자 하는 궁극(窮極)의 목표(目標)
*소연(昭然): 소연하다, 일이나 이치 따위가 밝고 선명하다.
*무심(無心): ① 생각하는 마음이 없음
*허심(虛心): 마음속에 아무 망상(妄想)이 없음
*공심(公心): 공평하여 사사로움이 없는 마음
*천심(天心): 천의天意, 하늘의 뜻
*무상무념(無想無念): 모든 생각을 떠나 마음이 빈 상태

삶(1)

변함없는 변화
끝없이 일어나도 바뀌지 않아
청춘을 헌신하며
열정으로 피운
욕망의 꽃은 꺾여버리고
함초롬히
아무렇지 않은 듯해도
귀촉도 우는 밤마다
별을 해며
고개 숙이지 못하는 것은
노을빛에도 피닉스처럼
부활하지 못한
황금 종소리 쟁쟁해
*휘루로 얼룩진
까만 밤을 장악한
은하 강에
설익은 보랏빛 꿈마저

*하롱거리다
떨어져 흘러가니
소태 같은 삶 애석해
골 깊은 한숨 허공을 가른다

*휘루(揮淚) : 눈물을 뿌림
* 하롱거리다 : 말이나 행동을 다부지게 하지 못하고
실없이 자꾸 가볍고 달뜨게 하다

자유

시류에 따라 말과
행동이 바뀌고 의를 저버리며
제 소견만 옳다 하는
*봉의군신만도 못한 자들을 믿고

붉은 사성의 꿈을 좇으며
쏜 화살은 하얀 자유의
철옹성을 꿰뚫을 수 없으니

붉은 사상을 가진 자에게
권력을 주어 스스로 속박되려는
행위는 하지 않는 것이 좋다

행복과 불행의
실체가 없는 듯해도
인연 따라 생긴다는 것을 잊지 마라

사람의 삶은 자유이며
그 색은 하얗고
말과 행동은 청정하고 곧다

바르게 볼 줄 아는 지혜를 갖추어
무지에서 벗어나
걸림이 없어야 하니
스스로 멍에를 메려고 하지 마라

자유의 품속 삶도
고해의 길인데
무엇을 더 바라야 하는가

찌그러진 깡통을 들고
줄을 서서 배급을 받는 것이
평등이란 말인가

화는 탐하는 것에서 온
다는 것을 잊었는가

붉은 사상의 멍에를 벗어던지고
차별과 속박에서 벗어나
스스로 만들어 가는
자유의 삶을 함께 살다 가자

*봉의군신(蜂蟻君臣): 벌이나 개미에게도 군신(君臣)의 구별은 뚜렷이 있다는 뜻으로, 상하 위계(位階)질서(秩序)를 강조(强調)할 때에 이르는 말

할미꽃

호젓한 산기슭
묵묘기절에
한 맺힌 할미의 가냘픈 모습

춘설도 아랑곳없이
손자가 보고파서
지팡이도 짚지 않고 마중을 나와

이제나 저제나 기다리며
한숨 한 자락

허리를 구부린 채
하염없이 서 있네

초혼도 하지 않고
수의도 아니 입고
선소리 만장 없이 초가를 떠나와서

이끼 돋을 비목도
앞세우지 못한 채

촘촘한 솜털을
곧추세우고
차디찬 봄바람에 백발을 날리며

무슨 죄 그리 만아
고개 숙이고
손자가 보고파서
초라한 모습으로 넋 놓고 기다리네

여보

보랏빛 꿈을 안고
바보 같이 살아온
지난 세월
당신을 생각하는
나의 마음
위로가 될까 봐
지난날 그 벤치에 앉아
지향 없이 걸어온 흔적을 찾아
긴 시간을 헤매었소
내 진정 미안하오,
보랏빛 꿈을 이루지 못한
나를 위해
고단한 삶 견뎌내며
눈물로 얼룩진
한숨 속에 묻은 사연
지우지 않으려고
못난 사람 보내기 싫어

인연의 끈
놓지 않은 그대는
언제나 웃음을 잃지 않는
나만의 천사라오
잡을 수 없는 세월 오고가도
영원히 변치 않을
여보, 그대는
내안에 사는 천사라오
고맙소, 정말 고맙소
오늘도 내일도
내 진정 그대를 사랑하리오

회색빛 인생

소쩍새 우는 사연
가슴마다 묻었으나

남을 자신 같이
배려하는 마음이 없이는

억만 겁을 돌아온
인연을 만나지 못하고

인성을 갖추지 않고
덕을 쌓을 수 없으니

존경을 받지 못하고
뜻을 펼치지 못하며

기초를 벗어난 일
경지에 이르지 못하니

*후목의 다리를
건너는 듯한 미완의 삶

지난 여정 돌이켜
깨달으며 참마음으로

타인의 가슴에
온전한 사랑하나 남기고

암운 속의 빛처럼
광기어린 삶을 살다 가자

*후목(朽木): 썩은 나무.

말세

너의 아픔으로
내가 살고
나의 아픔으로 네가 살다

성성한 백발 오니
*인仁의 마음과
예와 의는 사라지고

*우매하다
업신여기고 얕잡아 보며

*편벽된 언행과
새촘한 눈빛으로 보는
타락한 세상 역겨워해도

싸늘한 북방 하늘
차디찬 별
무심히 멍든 가슴을 비추니

백골로 나뒹구는
소라 껍데기 같은 세태에
앙상한 볼을 적시며
*고편을 하며 지새는데

그대의 혼은
귀양살이를 보냈는가
어이해
정의가 사라진
끝판에 이른 세상을

입은 닫고
작은 것 작은 소리
보고 듣지 말며
무상무념으로 살라 하느뇨

*仁(어질 인): ①어질다. 자애롭다, ②감각(感覺)이 있다, 민감하다(敏感**) ③사랑하다.
*우매(愚昧)하다: 어리석고 사리에 어둡다.
*편벽(偏僻)하다: 생각 따위가 한쪽으로 치우쳐 있다. 또는 정상에서 벗어날 정도로 지나치다.
*고편(苦鞭): 극기하기 위하여 수도자가 자기 몸을 스스로 때리는 채찍

길(1)

돌담길 돌아 청보리길
휘파람 불며
꿈 따라 떠나온 타관

반기는 이 없어
연년이 남긴 옹이마다
절절한 사연

그루터기조차
남기지 못할 가련한 인생

곱디고운 마음에서
지우지 말라고
울퉁불퉁 못생긴 글을 남기고

서리 내려 떨든 길
마파람 불어

꽃잎을 어르는
벌 나비 들고날 제

하롱하롱 떨어지는
꽃잎을 따라
향에 취해 향수에 취해
이슬 차며 먼 길을 홀로 가겠지

인생길(2)

청운의 꿈 오롯한 듯해도
지나친 꿈은
욕심의 산물이니

샷됨이 없이 초연하고
달뜨지 않게 살다 가자

사랑도 꿈도
발자취마다
온전한 것이 어디 있더냐.

고운 인연으로 만나
천년 삶을 살 것처럼
인생사 요원한 듯해도

헤어짐의
시작임을 잊지 말고

*혁혁하지 못한

인생살이 덧없다
정처 없이 떠돌지 마라

피할 수 없다면
즐기라지만 *평종을 접고

오죽처럼
청렴한 선비처럼
*수기의 길을 벗어나지 말며

곧은 신념을 가지고
청아하고 영롱한 이슬처럼
미완의 삶 *고아하게 살다 가자

이정표 없는
미로 같은 고해의 인생길
되돌아올 수 없는 외길이니

*혁혁하다(赫赫): 공로나 업적 따위가 뚜렷하다.
*평종(萍蹤): 부평초가 떠다닌 자취라는 뜻으로, 각처로 유랑 함을 이르는 말.
*수기(修己): 자신의 몸과 마음을 닦음.
*고아하다(高雅): 뜻이나 품격 따위가 높고 우아하다. 높고 기품이 있다

자성自省

번뇌와 망념에
휘둘렸다 다잡은 마음은
생각으로 변하고

그 마음은
어떤 것에도 흔들리거나
굴하지 않을 것이며

마음먹기에 따라
선인도 악인도 될 수 있고
할 일, 못할 일이 구별되며

마음먹은 대로
다될 수는 없어도
여하에 따라 근접할 수 있으나

다잡지 않은 마음은

쉽게 변하고 흔들리는
역동적인 생물 같으니

마음으로
마음을 다스리려면
지혜로운 참마음으로
망령된 마음을 다스려야만

*자성하는 진실한
참회의 마음이니
끊임없이 *도야 하리

*자성(自省): 자기 자신의 태도나 행동을 스스로 반성함
*도야(陶冶): 인격(人格)을 닦고, 심성(心性)을 가다듬는 일을 도야(陶冶)라고 한다.

해어화(1)

향기도 부끄러워
남몰래 피는 꽃처럼
용기가 없어 말 한마디 못하고

가슴 한켠에
볼그레한 수줍음
고이 묻어둔 채

움 돋듯 돋을 때마다
울음조차 숨어 울어야 하는
가슴앓이

내 사랑 그대
*해어화여

다가갈 고운 마음
켜켜이 쌓아두고

*드살이 없어

한숨만 쉬는
*뱅충이 같은 나에게
어느 변방의 천사가 보내서 왔느뇨

말을 하고 싶어도
나는 아직도
한마디 건네지 못하고 있는데

*해어화(解語花): 말귀를 알아듣는 꽃
*드살: 남에게 쉽게 굽히지 않거나 주어진 환경에 순종하지 않고 드세게 구는 것을 이르는 말
*뱅충이: 똘똘하지 못하고 어리석으며 수줍음만 타는 사람

고백

먼 길을 가신다기에
총총걸음으로 달려와
형형한 눈빛으로 배웅하지 못하고
고개를 숙인 채
고백하는 것은
이 마음 편하고가 아닙니다
바라만 보아도
근거리에만 있어도 좋아서
때를 놓친 것입니다
마음을 아프게 하려고 잊지 말라고
말씀드린 것이 아닙니다
그대를 담아 두었던
가슴 한켠 비웠다가
그리움으로 채우기 위함입니다
그대 떠난 빈자리엔
사랑도 그리움도 한낱 *미명의
그림자일 뿐이겠지만

*아류가 되기 싫어 웃음을
흘리지 않을 것이며
*절조를 버리지 않겠습니다
어느 곳에서 무엇을 하든
*거연하시겠지만
삶의 *현기를 깨닫지 못하셨다면
가시든 길 잠시 돌아보소서
그대 향한 마음
주머니 속 송곳 같나이다

*미명(未明): 날이 채 밝지 않음. 또는 그런 때.
*아류(亞流): 둘째가는 사람이나 사물.
*절조(節操): 절개와 지조를 아울러 이르는 말
*거연(巨然): 크고 우람하다. 또는 당당하고 의젓하다.
*현기(玄機): 깊고 오묘한 이치

회상(2)

쪽빛 하늘
찌는 햇살 품에 안겨
풋풋한 사랑이
익어 가던
짙푸른 바닷가에
닻을 내리지 못한
꿈결 같은
아련한 추억 속의
그리운 정 파도처럼
환석에 부딪쳐
하얗게 부서지는 포말이
해를 품은
도원 같은
올레길을 걷는 나그네
천혜의 수려함에 취해
기암괴석에
허허로이 앉아

물새 나는
수평선을 응시하다
백발을 빗기는
시린 해풍을 마주한 채
바닷가에
남긴 사랑 아쉬워
*애수에 젖어
알싸한 상념에 잠긴다

*애수(哀愁): 마음을 서글프게 하는 슬픈 시름.

봄은 왔는데

뒤뜰 오죽에
잡새 울음
한가로이 창호를 넘고

산 꿩이 우는 기운
심산계곡에
모였다 흩어지니

잔설 남은 초막의
뜰에 매화 양지바른 바위틈에
진달래 곱게 피는데

새해를 맞이해도
도리를 다하지 못해
부끄러워하는 초로를 두고

마르지 않는 눈물의 강을 건너

임은 가셨어도
사랑은 남아별과 같은 것을

품은 뜻 깨닫지 못해
좁쌀 같은 마음 썰어
담아 드리지 못한 것이 한이 되어

사무친 그리움에
*능파 같은 세월을 잡고
*읍소를 한다

나물 캐는 아낙네
치맛자락 살풋 들고
봄은 왔는데
초라니 같은 봄은 왔는데

*능파(凌波): 가볍고 아름다운 미인의 걸음걸이의 형용
① 미인의 가볍고 아름다운 걸음걸이 ② 거센 파도
*읍소(泣訴): 눈물을 흘리며 간절히 하소연함

기도

겸손하지 못하고
어리석은 자
무지와 맹목으로 인해
아첨하고 간사하며

행실이 바르지 못하고
어리석은 자
은혜를 모르며
인성을 갖추지 않아
충고를 받아들이지 않고

젠체한 척
어리석은 자
독존 인양 험구와 질투심이 강한
마음을 고치지 않아
지인과 지혜로운 이 가까이하지 않으니
깨우치게 해 주시고

곡천의 물처럼
현애와 곡직을 가리지 않고
구름처럼 바람처럼
높고 낮은 곳을 가리지 않으며
뭉치고 흩어져도 걸림이 없고

너와 나의
층하를 두지 않으며
친함도 소원함도 없는
빈 마음의 삶을 살게 해주소서

어리석은 중생
덕을 쌓을 지혜도 혜안도 없어
깨닫지 못해도
마음 하나 비틀 테니
만인이 가리지 않고
비켜 가지 않는
다원의 삶을 살게 해 주소서

*현애(懸崖): 낭떠러지
*다원: 모두 다 원하는, 모두 다 사랑하는 사람' 이란 말로 순우리말

신의 소리

*우국충정들이여
힘들고 괴로워도
뜻을 꺾지 말고 일어서소서
민심은 천심이며
우민의 소리는
신의 소리이니 주저하지 마소서
*왕자무친이라 했거늘
적을 동조하는
무리들의 수괴가 되어
민주주의의 근원인 자유의
근간을 흔들며
더불어 잘되겠다는
*위국애민의 정신은 간곳없고
나만 잘살고
정파만 잘되면 된다는 사고뿐이니
무엇을 기대하겠소
권불십년인 것을

덕을 쌓지 않고 인성을 갖추지 않아
민주주의의 기초가
견고하지 못하고
*소고만 난무한 데
그 들이 오래 갈 수 있으리오
위국애민의 충정을
가슴에 묻은 *은자들이여
궁벽한 곳을 떨치고
신의 소리인
우민의 함성에 귀를 기울이소서

*우국충정(憂國衷情): 나랏일을 근심하고 염려하는 참된 마음
*왕자무친(王者無親): 임금이라도 국법 앞에서는 사사(私事)로운 정으로 일을 처리(處理)하지 못함
*위국애민(爲國愛民): 온 마음으로 나라를 위하며 국민을 사랑하는 뜨거운 마음
*소고: 자기의 생각
*은자(隱者),은인(隱人): 산야에 묻혀 숨어 사는 사람

희망

눈물은 자신을
가볍게 하는 산물이며

내면에 있는
만물상이니

큰 뜻을 품었으면
실패 없기를 바라지 말고

패배한 좌절로
포기하지 마라

그 아픔
뉘 겪지 않았으며

그 눈물
뉘 흘리지 않았으랴

얻고 버리는 이
자신이거늘

극복하리란
결심 속에 성공의 길

성취의
기쁨 있으리라

실패 없는 성공 없고
포기 앞에 희망 없다

기다림 (3)

산 넘고 물 건너
저 들녘 어디쯤
꼬불꼬불
비탈길 저 길 끝 어디쯤
늘보처럼
느릿느릿 어디쯤 오실까
거북이처럼 왔다
토끼처럼 갈 길을
무슨 채비
그리 많아 소식이 없는고
멀고 먼 설한 길
나, 돌아갈 곳 없어
오들오들 떨면서
그대 오시길
어제도 오늘도 기다리건만
울 넘어 양지쪽도
들녘에도 소식 없고

동구 밖 진산에도
굽이굽이 휘도는
실개천도 말이 없네
멀고 먼 변방 어디쯤
*만화 봇짐 짊어지고 다박다박 오실까

*만화(滿花): 온갖 꽃

여보게(1)

여보게, 굴렁쇠 스스로
구르지 못하니
백 구비 인생길 다 가도록
잘난 체하지 말게
자음과 모음이 만나
희극과 비극의 사연
엮을 터이니
집착에서 벗어나
자신을 다스리게나
세상 무서운 줄 모르고 살아온
*소객의 붓끝이 징징 우는 것은
감춰진 마음
숨길 수 없음이요
붉은 낙인이 찍힌 가슴에서
토해내는 한숨은
사성 같은
꿈이 무너지는 소리네

이목에 마음 쓰지 말고
귀 기울이지 말게
독존인 줄 알지만
의존하지 않은 존재 어디 있고
해탈하지 못한 중생이
번민의 고뇌 없을 수 있겠는가
*망념으로
평온을 느끼지 못하고
가슴에 새겨진
*인화 같은 상처를 어루만지며
울다가, 울다가
진산 양지바른 곳에
이끼 돋을 비목도 없이 누워
아린 삶의 노래 부를 테니

*소객(騷客): 소인(騷人), 시인과 문사(文士)를 통틀어 이르는 말
*망념(妄念): 이치(理致)에 어긋나는 헛된 생각
*인화(印花): 공예 도자기를 만들 때에, 도장 따위의 도구로 눌러 찍어 무늬를 만드는 기법 또는 그 무늬

임이여(1)

외롭고 적막한 밤이 오면
구슬픈 새 울음과
먼 하늘
달과 별을 보며 달래리니

그리워 가슴앓이를 해도
일상을 팽개치고
단걸음에 날 찾지는 마오

일손을 여유로운 곳에
살며시 밀쳐 둘 즈음
버선을 신으시어 고이고이 오소서

무지갯빛 융단을 깔고
그리워 멍이 든
검붉은 선홍 꽃잎을 뿌려
사랑하는 그대 맞으리

넓고 따뜻한 가슴
초원 삼아 뛰어놀다
포근히 잠이 들어
고운 꿈 꾸시옵소서

이별은 싫으니 고이 접어
베갯잇에 넣어두고
몽환 속이나마
행복해 주오, 사랑하는 내 님이여

묘오妙悟

고요한 마음 울림을 준
꿈과 욕망에 매여
놓쳐버린 청춘 가버린 세월

도탑던 정도
사랑도 돌아앉은 매정함에
*무지와 *맹목에 겨워 느꺼워할 때

울도 담도 없는 둥지에서
천사 같이 품어준
그대 그리워
차오르는 눈물 흩뿌리는 회색빛 도시

매화는 벙그는데
메마른 삶 기댈 곳 없어
험난한 세상
좀처럼 익숙해지지 않는다

초인도 울고 갈

삭막한 세상 여기가 어딘가
어디에 서서
이상향의 길을 찾는가
자아에 취했던 아스라한
*무시무종의 세월 덧없이 흘러도

꿈과 욕망처럼
울림도 *웅심도
크고 깊을 줄 알았건만
신기루를 좇듯 헛꿈만 꾼 채

깨달음의 *회안을 한
상처투성이의
아린 영혼 달랠 수 없어도
*괴연하지 못한 탓이니
이상의 삶을 추구하려고 연연하지 않으리라

*묘오(妙悟): 깨달음
*무지(無智): 지혜나 꾀가 없음
*맹목(盲目): 먼눈, 사리(事理)에 어두운 눈
*회안(悔顔): 잘못을 뉘우치는 빛을 띤 얼굴
*무시무종(無始無終): 시작도 없고 끝도 없음
*웅심(雄心), 웅지(雄志): 웅대한 뜻
*괴연하다(傀然): 위대하다, 도량이나 능력, 업적 따위가 뛰어나고 훌륭하다.

강가에서

물머리 셋 반가이 만나
굽이굽이 서린
*천고의 사연 엮어 흐르니

날도 가고 청춘도 가고
도탑던 그대도 가 불귀인데

오늘도
변방의 석양 미약해지니
산그늘 스멀스멀 갈대숲으로
기어오르고

초가에 저녁연기 강촌을
휘돌아가니
강 건너 적벽에 부엉이
새벽닭 홰를 치며 일력을 넘겨

당목에 맡은
범종 송년을 알려도
나는 허허로이 남아

만사에 물들지 않는
누더기를 걸치고
불의와 타협하지 않는
곧은 정의를 백두대간에 세우리라

무정한 사람들아
*투견은 보지 않은 채
겉만 보고
왜 회초리는 드느뇨

소객의 속은
눈으로 볼 수도 타인에게
전해들을 수도 없고
오직 슬기로운
그대 마음으로 볼 수 있거늘

어이 *곡직의 눈으로
겉만 보고 평을 하느뇨
아직도
성취의 획을 긋지 않았는데

*천고(千古): 아주 먼 옛적. 아주 오랜 세월 동안
*투견(透見): 겉으로 드러나지 아니하는 참모습을 꿰뚫어 봄
*곡직(曲直): 굽음과 곧음이라는 뜻으로, 사리의 옳고 그름을 이르는 말

위선자

추위 남은 척박한 땅에
겨울비 잠든 뿌리를 일깨워
홍 청매 벙그는 아침

소한 추위 꿔다 도
한다더니
칠월 장마를 꿔온 듯
그도 뒤죽박죽 얽혔나보다

허업으로 인한
갈등의 뜰
고루한 수괴의 꿈을 위해
겉수작만 난무한 연초

산화들의 곡성 멎지 않는
암울한 산야에 자유의 구근과
묘상이 피폐해 가니

봄꽃이 필 즈음이면
반쪽의 뜰에 얼마나 많은
붉은 싹이 트고 꽃이 필까,

공평하고 올바른 것이
공정이거늘 공정을 되뇌며
우매한 자들의
참소를 듣고 행하는

혜안도 지혜도 없는
고독한 위선자여
피와 땀으로 쌓은 탑을 부수는
걸음을 멈추소서.

뜰과 우민을 지키고 괴는
철학도 없이
알량한 집착만으로
쪽박까지 깨지 마오.
세상만사 뜻대로 되지 않을 것이니.

*고루하다(孤陋하다) : 보고 들은 것이 없어

마음가짐이나 하는 짓이 융통성이 없고 견문이 좁다.

*잔한殘寒 :봄까지 남아 있는 추위.

*구근球根,식물 (식물의) 구근. 뿌리.

*묘상苗床,나물, 꽃, 나무 따위의 모종을 키우는 자리. 못자리

*산화散花/散華 :젊은 사람이 전쟁터 등에서 안타깝게 죽음을 비유적으로 이르는 말

*수괴首魁 같은 말 : 괴수魁首(못된 짓을 하는 무리의 우두머리).

*참소(讒訴/譖訴) :남을 헐뜯어서 죄가 있는 것처럼 꾸며 윗사람에게 고하여 바침.

수행

*금조의 눈물에
구름 이는
하늘 아래 첫 초막에
잔설을 녹인 바람
건듯 불고 사라지니
봄비는 하염없고
온갖 꽃 벙그는데
계율에 매인
*두타의 길 아득해도
만물이 생동하니
산길을 걷는
승려의 발길이 *능파 같네

*금조(禁鳥): 법률로 잡지 못하게 하여 보호하는 새.
*두타(頭陀) ①번뇌(煩惱)와 의식주에 대한 탐욕을 버리고 깨끗하게 불도(佛道)를 닦는 수행(修行)
②산야(山野)를 다니면서 밥을 빌어먹고 노숙하면서 온갖 쓰라림과 괴로움을 무릅쓰고 불도를 닦음, 또는 그 승려
*능파(淩波): 가볍고 아름다운 미인(美人)의 걸음걸이의 형용

광장

우매하고 순진무구한
민초들을 옳고 그름에 대한
통찰력도 없이 선동해
한 입으로 두 말하며
자신들의 사상과 이념을 세뇌하여

앙금이 썩어 시궁창 같은
역겨운 광장에 모여
자유를 갈질하는 *혼돈의 세상

자유와 민주주의의
정체성을 잃어버린 채
드넓은 광장에 황촉 불을 밝히니
태극기 휘날리며 한 치도
양보 없이 서로가 옳다 해도

대왕의 좌상 앞

서슬 퍼런 장군의 발치에서
등골이 오싹한 시뻘건 음모가 자라
분하고 억울한 듯
울분을 토하는 함성에
자유는 선혈을 흘리며 빛을 잃어간다

황무지 같은 세상
질풍경초 같은 세월을 견디며
위기가 닥쳐도 흔들리지 않고
이 땅을 지키며 묵묵히 걸어왔건만

사상과 이념 앞에
공갈 협박 협잡이 난무하고
충신이 사라져 버린
구역질나는 싸움의 역사를 남긴다

고귀한 자유의 등불이
가물거리는
별빛 쏟아지는 고요한 밤

광장의 뜰엔 선홍의

설매가 피고 *부역자들의
양심의 꽃은 빛을 잃어 가는데

붉은 염원이 담긴 황촉은
몸을 살라도
세뇌된 중생들은
제 허물 스스로 털지를 않는다

정의가 사라진 난세에
그대들이
망국亡國의 영웅이 되려나,
아! 이 땅의 토닥임의 끝은 진정어디인가

*혼돈(渾沌): 덕망 있는 사람을 미워하며 흉악한 사람에게 들러붙는 좋지 않는 성격도 있다. 혼돈(混沌)'과 상통하며 '영문을 모르는 상태' 마구 뒤섞여 있어 갈피를 잡을 수 없음
*부역자(附逆者): 국가에 반역이 되는 일에 동조하거나 가담한 사람

청춘(3)

청춘이 간다 해도
못 잡고 못 막으니

불로초 찾지 말고
불사약 찾지 마라

행불행 생사 욕심
마음이 지어내니

늙은들 어찌하며
죽은들 어찌하랴

일체의 번뇌 망상
상념의 차이일 뿐

인의 삶 *귀불귀니
천상의 삶 탐을 마라

고해의 인간 세상
해석하기 나름이니

*귀불귀(歸不歸): 한번 가서는 돌아오지 않음.

그리움(2)

봄이 오는 길목에서
마주한 그대는 천사
거친 세상으로 나아가는 파락호
흉허물 덮어주며
도탑던 그대
가없이 헌신으로 일관하다
먼길 떠난 지 오래
켜켜이 싸인
그리움 둘 곳 없어
글로 남기는 죄인
명절이 올 때마다
그대 그리워
콧등이 시큰하고
그렁그렁 눈물 맺혀
가슴이 터질 듯한데
그대 내 곁을 떠나
심산 천년 궁궐에서

미동이 없어도
가슴 깊이 자리를 튼
큰 은혜 큰사랑 잊지 못해
두 손을 모은 채
임 계신 곳을 허허로이 바라봅니다
잊을 수 없는 그대여
머나먼 곳에서
행복하시길 간절히 바라오.
내 사랑 그대, 그리운 어머니

책망責望

아득한 하늘 흰 구름
머물지 않고
강과 바다에 쪽배가 떠나가도
고향 하늘과
진산은 그대로 있으니
찰나 같은 인생살이
욕망의 덫인
주머니를 차지 말자
상처뿐인
청운의 꿈 파리해도
모진 세월
날 두고 홀로 가지 않고
참다운 삶을 살려도
*덕망의 지혜 없으니
탓도 원망도 하지 말자
너는가도 끝이 없고
나는 잔년을 헤는데

빈손으로 와
무엇을 얻어 기뻐하고
무엇을 잃어 슬퍼할 것인가
기쁨이 이는 곳을 찾으면
슬픔이 따를 것이니
어머니 젖 한 모금에
생을 맡겨
걸림이 없는 세상에 살다
빈손에 주머니 없는
옷 한 벌 걸치고 가면 될 것을
원하고 원망하는
삶이 싫어
자신을 *책망하는 슬픈 날들이여

*책망(責望): 잘못을 꾸짖거나 나무라며 못마땅하게 여김.
*덕망(德望): 덕행으로 얻은 명망.

이별

소보록한 추억
백설 속에 묻어 놓고

춘삼월
꽃길을 마다하고

설한에 떠나는 님
잡지 못해
잘금잘금 흘리던 눈물

토끼 꼬리 같은
햇살에 마르고

빈들 녘에
길게 누운 산그늘
긴긴밤을 손짓하니

설한 마가리에
문풍지 울음 스산한데

멀리 개 짖는 소리
적막을 깨도

산야에 흰 눈은
소리 없이 쌓이고

그리움에 겨운 밤은
황촉불에 재가 되어

기약 없는
님의 발길 따라 가네

*마가리 : '오막살이'의 방언

겨울연가

노루 꼬리 같은 해
쉬 넘어가고
아슬한 동지
긴 긴 밤은 깊어만 가는데

서녘 하늘 유성우같이
*요원한 변방으로 멀어져간 그대
*불원만리라지만
기약 없이 기다리니
그리움만 소보록하다

임이여, 그대 여린 마음
화석처럼 굳어도
돌이킬 수 있으리라는 착각 속에
거짓과 위선의 삶을 살며

익숙함에 속아

소중한 자신을 잃어버린
더펄이 같은 청춘의
슬픈 그리움의 노래
찬 볼에 흘러
성근 별빛에 반짝여도 그뿐

앙가슴에 숨어
빈대살이를 하는
그대 미약한 숨결에
설매향 같은 그리움

서릿발처럼 돋아
동지 긴 긴 밤의 허리를 부여잡고
시린 마음을 달랜다

*요원하다(遙遠--/遼遠): 아득히 멀다
*불원만리(不遠萬里): 만 리 길도 멀다고 여기지 않음

겨울 나그네

곡천도 탄천도
얼어붙은 숨죽인 엄동
침묵을 깰까

앙상한 우듬지에
남긴 동아 애처로워
깡마른 잎새
삭풍에 파르르 떠는 밤

*창망한 하늘
향기 없는 설화
어슴푸레한 달빛에
희끗희끗 날리니

팔짱을 낀 채
잔조롬히 걷는 연인들의 모습에
추억에 젖어 졸다
길손의 재촉에 애마를 몰고
화들짝 떠난다

어디든 훨훨
떠나가 보자 훨훨
훨훨 떠나가 보자

울어도 손 내밀 사람 없고
다독일 사람 없는
*고루한 나그네

뜻대로 되지 않는 세상
탐욕과 욕망
교만은 얼게 둔 채

어디든 훨훨
하얀 발자국 남기며
훨훨 떠나가 보자

평종을 접을
행복이 깃든 곳을 찾아
어디든 훨훨
훨훨 날듯 달려가 보자

*창망(蒼茫): 넓고 멀어서 아득하다.
*고루하다(孤陋): 보고 들은 것이 없어 마음가짐이나 하는 짓이 융통성이 없고 견문이 좁다.

친구야

나의 모습이 측은하고
처량해 보일지 몰라도
너의 슬픔에 나도 운다
친구야 장부의 삶
한평생 뜻을 이루기 위해 산다지만
험한 세상에 살며
뜻이 크다 하여 정도를
어기면서까지 이루려 말고
힘든 일은 나눠서 하고
슬픈 일은 같이 울자
친구야 서로의 흉허물은 덮어 줘도
진실이 아닌 눈물은 흘리지 말자
가벼워 쉬이 말라 버리니
차라리 눈물을 보이지 않고
침묵하더라도 가슴으로
흘리는 눈물은 진정 뜨거운
감동의 눈물이다
너의 사연을 들을 때마다
울게 되지만

슬픔은 해소될 수 있고
근심은 해소될 수 없으니
마음의 짐 내려놓고 살자
근심 걱정 없이 살며
울어보지 않은 이들이
슬픔을 이해할 수 없으니
한바탕 웃음보다
감동의 눈물을 흘리며
의연하게 자아를 찾아 떠나
나그네 삶을 살자
친구야 찰나 같은 인생살이
유리걸식해도
행복의 신은
인간과 약속을 하지 않으니
*술책의 눈물이 아닌
진실의 눈물을 흘리며 살자
참다운 지음 함께하니
세상사 역겨워도 울지 마라
현 삶에 *자족을 하며
여행 끝나는 날까지 참삶을 살다 가자

*술책(術策): 어떤 일을 꾸미는 꾀나 방법(方法)
*자족(自足): 스스로 넉넉함을 느낌

여망

꿈과 희망을 짊어지고
걸음을 옮기는 이에게
고해의 길일지라도

잔소리와
기도를 하지 마라
험난한 인생길
처절한 자기와의 싸움이니

행여 먼 길을 가다
지켜야 할 도리를 다하지 못해
시름에 젖은
겨운 모습일지라도

자신의 잘못으로
가치를 잃어버려
아부재기를 쳐도

유보된 행복을 위해
참괴를 모르는
비부의 처절한 삶에
잔소리와
기도를 하지 마라

웅지를 위한 여망
웅비가 있다면
잃어버린 만사 세월이 약이니.

*비부(鄙夫) : 마음씨가 더럽고 못된 사내. 비루(鄙陋)한 남자(男子) 비천한 사람. 무식한 사람. 하찮은 사람
*아부재기 : 아픔이나 어려움을 과장하고 엄살을 부리는 일을 구어적으로 이르는 말.
*참뉵(慙恧), 참괴(慙愧) : 매우 부끄러워함.
*웅지(雄志) : 웅대한 뜻.
*웅비(雄飛) : 기운차고 용기 있게 활동함.
*여망(餘望) : 1.아직 남은 희망. 2. 앞으로의 희망.

서풍

백발을 빗기는 서풍에
눈이 시리도록 곱게 물든
수려한 산야

눈으로
다 보지 못하고
글로 다 표현하지 못하는
무지함에
발길을 돌리지 못하고
애끓던 심정

부엉이 설운 밤
자성하며 재우고
자리끼 옆에 접어둔
서글픈 마음 일깨워

서리 맞은

명아주 깎아 집고
알싸한 눈물도
마르지 않은 갈잎을 밟으며

귀뚜리 숨어 우는
국화 향 그윽한 길을
자작자작
하얗게 퇴색한 삶의
달콤한 앙금을 사르러 간다

삶(2)

우리들은
거창한 뜻을 품고
*이상향을 꿈꾸지만
꿈일 뿐이다
행복도 저절로 오지 않고
인생도 저절로
살아지는 것이 아니다
고해의 삶일지라도
참고 견디며
더러워도 세상을 버리거나
타협하지 마라
세상에게 질 수는 없지 않은가
인고의 삶 속에
마음에서 우러나는
미래를 향한
아침 햇살 같은 희망이
삶의 원동력이자

이상을 향한 열정으로
행복을 좇는 자체가
삶의 근원을 찾는 것이다
주어진 일에
최선을 다하되
소확행에 만족하고
지나친 행복은 추구하지 마라
만족을 모르는
끝없는 욕망의 늪에
사로잡힌
완전한 행복은 곧 죽음이다

*이상향(理想鄕): 사람이 상상(想像)해 낸 이상적(理想的)이며 완전(完全)한 곳, 유토피아

삶(3)

오늘도
파도처럼 밀려오는
고해의 삶
피할 수 없어
온몸으로 받아넘기고
만물을 품은
까만 품속에서
하얗게 태운 잿빛 삶을
내려놓고
귀촉도 울음에 잠을 청하니
홰를 치며
초성 높여
새벽을 알리지 마라
이 밤 달과 별 스러지고
여명에 영원한 스토커
동행을 하면
품앗이도 할 수 없는

혹독한 운명
원점을 지향하는
시곗바늘처럼
삶의 근원을 찾아
오늘도
*합장(合掌)한 마음으로
천릿길에
열정을 쏟아야 하니

*합장(合掌): 합장은 흩어진 마음을 일심(一心)으로 모은다.
나를 낮추고 남을 높이는 마음의 표현

얄궂은 인연

무뚝뚝한 나 좋다고
죽네 사네, 하더니만
이제 와서 나 싫다고 말없이
떠났으니
잊어야만 옳은 줄을 나 어찌
모르랴만
미운 정 고운 정이 뼛속까지
들었으니
사무치는 그리움에
어리석은 미련 남아
꿈결에도 보고 싶어 베갯잇
적시지만
못 잊어 괴로워도 아랑곳
할 리 없는
당신이 잊으라면
진정 그대 잊으라면
짜여진 인연 각본 비정한

운명이니
답 대신에 잊어주마
눈물 대신 잊어주마
이 가슴이 아파도 가슴이
찢어져도
잊는 게 원이라면 기어코
잊어주마
날 버리고 나를 잊고
행복하게 산다면야
앙가슴에 멍이 들어 가슴앓이
한다 해도
당신 위해 못할 것이 무엇이
있다더냐

임이여(2)

그대를 위해
아무것도
한 것이 없지만
낙엽이 지는 뜰에
들국화 구절초 한들거리고
귀뚜리 슬픈 이 가을
정 붙일 곳
의지할 곳 바이없어
외롭고 쓸쓸해
별을 헤다
눈물이 흐를까 봐 고개 들어
그리움을 삼킵니다
임이여
이제 그만
무심한 저 강물
얼기 전에
곱게 물든 일엽편주에

버들가지 꺾어 보내리다
이제 그만
주야로 열어젖힌
삽짝을 닫고
먼 하늘 달을 보며
그렇게
그냥 그렇게 살리다

갈등

너의 슬픔에 내가 울고
나의 즐거움에
네가 춤추는 사이가 되지 못함은

마음의 허울을
벗지 못하는 욕망 탓이거늘

달 밝은 반쪽 뜰에
귀뚜리 슬피 우니
청집엔 어그러진 풍경이 징징 울고

고관의 철면피는
추함을 모르는데
*공명을 좇아 온 삶 세월이 아까워서

선동의 볼모 되어
황촉불 들었지만

우매한 우민들은 콩팥을 구별 못해

옷깃을 여미면서
앙다툼 하지만은
꽈배기 같은 심사 풀릴 길 영영 없어

무성한
갈등의 뜰엔
잡목 청솔 다 죽네

*공명(共鳴): 남의 사상이나 감정, 행동 따위에 공감하여 자기도 그와 같이 따르려 함.

마음

일상 중에
눈으로 삿됨을
보았으면
깨달아 행하지 말고
귀로는 옳고
그름을 분별해 듣고
머리는
깨인 정신으로
늘 옳은 생각을 하고
입으로
험구를 하지 말며
지언을 하고
가슴에
호연지기를 담아 살면
심중에
부끄러울 것이 없어

두려울 것이 없는데
마음이
흔들릴 일이 있으랴.

*지언(知言): 사리(事理)가 통(通)하는 말. 도리(道理)에 맞는 말

*호연지기(浩然之氣): ① 도의(道義)에 근거(根據)를 두고 굽히지 않고 흔들리지 않는 바르고 큰마음 ② 하늘과 땅 사이에 가득 찬 넓고 큰 정기(精氣) ③ 공명정대(公明正大)하여 조금도 부끄럼 없는 용기 ④ 잡다한 일에서 벗어난 자유로운 마음

핑계

형형한 눈빛과
사랑한다는 말에 속아
빼앗긴 마음
행복은 느끼지 못한 채
저만치 머뭇거리는데
님의 속은
모른다더니
정 두고 사랑 두고
원점을 지향하는
시곗바늘 같은 약속한 사람
점점 멀어져가는
약속한 임이여!
그대의 그림자로 남아있지 못하고
허물어진 믿음 앞에
정도 사랑도
버리면 그만인 것을
정도 사랑도

잊으면 그만인 것을
그리움조차
움틀 겨를 없이
정 뜨고 마음 떠난 지 오래니
미련 때문에
먹은 마음 되짚지 마오.
버리고 얻고 비우고 채우는
진리를 잊은 채
욕망을 쫓는 삶
이별 앞에
후회와 미련은 한낱 핑계인 것을

해어화(2)

소담한 꽃 한 송이
지지, 않고
철마다 피어 있는데
잠을 이루지 못하면서도
꺾지 않는 것은
청맹이라서
도낏자루가 부실해서
불사약을 지닌
천상의 꽃이라서
*경국지색이라서일까,
도마 위에 고기를 썰어두고
*안복만한 채
침을 흘리다
아랑주를 마시며
헛물만 들이킬까,
목련보다
백합보다 흰 꽃이여!
차마 꺾지 못할

아름다운 꽃이여!
그대는 말을 알아듣는
꽃이거늘 인연의 끈
마음을 훔치지 못하고
미소를 머금은
말 없는 초대장을 바라만 보다
함부로 다가가지도
꺾지도 못할
눈이 시린 꽃이여!
향한 마음 달랠 길 없어
그대의 그림자로
나 또한 여기 태산처럼 서서
고운 *웅지
펼치기를 빌리라

*경국지색(傾國之色): 나라를 기울게 할 만큼 아름다운 미인.
*안복(眼福): (눈호강) 눈복. 눈요기.(진기하거나 아름다운 사물을 눈요기할 기회를 가질 수 있는 복)
*웅지(雄志): ①웅장(雄壯)한 뜻 ②큰 뜻

나그네

들국화 곱게 피어
향으로 길 막으니

갈바람 귀뚜리는
쓸쓸한 시를 읊고

*현천에 *권운들은
무심한 냇물 같아

나그네 걸음걸음
마음 둘 곳 없어도

갈마든 고운 계절
새 단장 여염 없고

소객의 *단장들은
*상음이 *비추인데

만물은 하나 같이
머물지 아니하니

가을을 걷는 나그네
정 둘 곳은 어딘가

*현천(玄天): 아득히 높고 검푸른 하늘
*권운(卷雲): 털구름·새털구름·견운(絹雲)이라고도 한다.
*단장(短章): 짧은 시가(詩歌)나 문장
*상음(商音): 가을 노래
*비추(悲秋): ①구슬프고 쓸쓸한 느낌을 주는 가을 ②가을철을 쓸쓸하게 여겨 슬퍼함

벽壁

도덕성을 잊은 채
정의와 사랑
평화를 부르짖으며
너와 나
사물과 시간의 간극을
메우려고
장막을 치고 가두어
완전함을 추구하는 것보다
성숙해가는 것을
보여 주어라
자유를 찾아
빠져나갈 곳을 찾듯
하고자 하면 방법을 찾고
싫으면 핑계를 찾을 것이다
샛된 꿈을
실현하기 위해
*훤효가 최선인 양

성근 그물을 치고
태산 같은
욕망의 벽을 기어오르니
구린내 나는
붉은 장막은 걷어라
벽은 허물어진다.
개똥철학을 설파하며
반걸음이라도
잘못 내딛는 날엔
천 리 먼 길이 어그러지니
역사의 흐름에 역행하지 마라

*훤효(喧囂): 정론을 말하는 것이 아니라 수많은 사람이 자기의 생각을 시끄럽게 이야기하는 것

오적五赤

회색빛 도시
삭막한 빌딩 숲속
온기 없는
궁벽한 곳에 자리를 튼
*은자들을 무시한 채
붉은 탈을 쓴
*수괴가 되어
말과 행동 사상과 이념을
*표변할 생각은 않고
자유와 평화를
수호하려는 우민들의
눈치를 보며
*외영오적의
어리석음을 깨닫지 못하고
야망에 사로잡힌 사고로
정의가 없는 못난 짓을 하며
세상을 보는

좁은 안목과 견식
작은 소견과 견해로
진실을 호도하고
순리를 저버린 뻔뻔함에
통탄을 해도
부끄러운 줄을 모르며
나라와 우민을 괴는 마음
차가운 *곡천에 숨긴 채
자신의 뜻을 이루려는
작태에 맞선
*척당불기의
곧은 *정신을 지닌
우민들의 소박한 염원인
자유와 평화의
꿈을 먹어치우려는
금수 같은 짓을 하며
*육허에 적뿐인
살얼음판 같은 쪽 뜰에서
역사의 흐름에
역행하는 행동을 하며
옳고 그름을 분별 못하는

우매한 우민을 선동해
이름을 남기려다
*은맥들의 눈밖에 나지 마라
문밖이 *영어이니

*은자(隱者): 은인隱人, 산야에 묻혀 숨어 사는 사람.
*수괴(首魁): 못된 짓을 하는 무리의 우두머리.
*표변(豹變): 표범의 무늬가 가을이 되면 뚜렷하고 아름다워진다는 뜻 ①허물을 고쳐 말과 행동이 뚜렷이 전과 달리 착해지는 일 ②마음과 행동이 분명히 달라지는 일.
*외영오적(畏影惡跡):외영이주(畏影而走),영불리신(影不離身) 직역하면 '그림자를 두려워하여 도망쳐 달리다'라는 뜻으로 신의 허물이나 어떤 사안에 대한 근본적인 해결책을 강구하지 못하는 어리석음을 비유하는 고사성어
*곡천(谷泉): 산골짜기에서 나는 샘물.
*척당불기(倜儻不羈): 뜻이 있고 기개가 있어 남에게 얽매이거나 굽히지 않는다
*견식(見識): 문견(聞見)과 학식(學識)
*육허(六虛): 육합(六合), 천지와 사방을 통틀어 이르는 말.
*은맥(隱貘): 산야에 묻혀 숨어 살아도 저돌적 성향의 거칠고 강인한 사람(민족)이다.
*영어(囹圄): 감옥監獄, 죄인을 가두어 두는 곳

난초

백화가 만발하여
화려함 자랑해도

잡초에 묻혀 살며
청초함 잃지 않고

영롱한 이슬처럼
청아한 꽃 피워서

왕자 향 육허에 뿌려
으뜸 기품 알리네

말종

씨 좋고 밭 좋은 곳에 태어나 예와 의
*이재를 지키지 못한 채

선대가 일군
가산을 없애면서도
꿈을 이루지 못했으며

부모를 봉양하느라
좁쌀 썰어 반 틈도
담아 드리지 못했고

자식을 키우느라
귀 떨어진 동전 한 푼 쓰지 않았으며
용돈 한번 준 일 없고

고생하는 아내에게
수고했네. 사랑하네
살가운 말 한마디 한 일 없으며

긴긴 세월 가사에

도움 준 일 없는
돌피만도 못한 말종이 되어

나라를 지키느라
총 한번 잡아본 일 없고

나라를 위해
버팀목이 된 일이 없으니
부끄러워

초라한 모습으로
세월 앞에 서서 꺼이꺼이 운다

*핍화가 가야 하는
고독의 길
한숨과 눈물 밖에
*수승하는 것이 무엇이 있으랴

*'말종(末種)' : '망종'(아주 몹쓸 종자라는 뜻으로 행실이 아주 나쁜 사람을 얕잡아 이르는 말)
*이재(理財): 재물(財物)을 유리(有利)하게 다루어 운용(運用)함
*핍화(乏货): 쓸모없는 놈 [녀석]. 못난 놈
*수승(殊勝): 가장 뛰어난 일. 특히 뛰어난 것. 가장 우수하고 훌륭한 것

아이야

아이야 너는
배려와
용서할 줄 모르며

청맹인 듯
제 허물은 보지 못하고

삿된 생각으로
자신의 뜻을 위해

한만 남은 지난날을
돌이켜 보지 않고

언행불유인 채
붉은 허리띠가 시린

우리가 사는 반쪽의 뜰을

도탄에 빠트리는
모리배 짓을 하며

나라를 사랑할 줄 모르는
겉과 속이 다른 어른

아이야 이런
어른은 닮지 마라

아이야 너는 후일
이런 어른은 되지 마라

*언행불유(言行不類): 말과 행동이 같지 않다.

건들 8월

삼복 땀방울에
젖은 여정 까마득해

그늘을 찾는 나그네의
발자국 소리 아랑곳 않고

풀숲에 귀뚜리
첫울음 우렁찬데

길섶에 코스모스
뙤약볕에 세들하고

고추잠자리 줄풀에 앉아
망중한을 즐기다

포강에
동심원을 그린다

열두 곡절을 엮은
오동잎은 잔일을 헤고

들녘엔 노염에
*물고개 분주한데

매미의 쉰 울음에
여름은 깊어가고

드높은 파란 하늘
구름 동동 한가롭다

심오한 건들 8월
행여 가볍게 생각 마소

*물고개 : 곡식이 여물기 시작하면서 이삭이 숙여지는 것을 이르는 말.

고백

*청운지 꿈을 안고
탐욕에 눈이 멀어
실없이 승낙한 일 지키지 못한 약속

귀중한 철칙 잊고
소홀한 행동하며
신의도 저버리고 꿈만을 쫒았지만

행운은 오지 않고
성공은 예견 못해
풍상을 겪어 온 삶 돌이켜 생각하며

억울 타 야속하다며
하소연하고 앉아
욕망에 사로잡혀 *부박한 삶을 살다

꽃 같은 청춘가고

꿈조차 잃고서도
곤백이 다되도록 깨닫지 못하고서

새 일을 도모하여
흥망을 걸어놓고
삶 속에 도치되어 고결한 염원 빌며

덧없다
세월 탓하며 제 못난 탓 않누나

*곤백(齫白): 이가 다 빠지고 머리가 흰 늙은 사람.
*청운지(青云志): 입신출세의 대망. 청운의 꿈. 출세욕. 속된 세상에서 벗어나 은거하고자 하는 뜻. 고결한 염원.
*부박(浮薄): '부박하다' 천박하고 경솔하다.

첫차

모진 세파 견디며
검버섯 핀 까칠한 얼굴
두 눈은 허해 보이고
골 깊은 주름 백발이 성성한데
무슨 미련이 남아
삶의 앙금 내려놓지 못하고

무거운 눈꺼풀
고운 꿈 떨쳐버리지 못한 채
신 새벽
콩나물시루 같은 첫차를 타고
연거푸 하품을 하다
차창에 기대어 존다

쌈지 하나 채우지 못하는
배춧잎 서너 장 벌이에
성성한 머리

검은 물 들여 오글오글 볶고
분단장하고서
별바다 같은 날
새벽 첫차를 타야만 하는가.

상념에 잠긴 나그네
자신을 보는 듯
가슴 시려 뒤돌아보니
성취감 맛보지 못하고
풍상고초 겪음이 못내 몹시 아리다.

하야몽夏夜夢

모깃불 피워놓고
까만 밤을 살라 먹는 꿈길
*작록을 버린
빈한 선비가 되지 못하고
탐욕에 젖어 울다

여명이 밝아오면
물안개 짙은 강촌
고향의 풍경은 그대로인데

그리운 님의 발자취
지워져 서러워도
산새 물새 초로를 달래듯
고운 노래 속절없네

어쩌면 좋으랴
아린 마음 숨기려도

추억의 향은 복더위 긴 꼬리처럼
주렴에 걸려
한여름 밤의 꿈속을 함께 헤매며

갈마드는 사계가 부러워
뒷짐을 지고
백발을 날리며 강둑을 걷다

*수구만도 못한 듯해
부끄럽고 느꺼워
목 놓아 님을 불러도 답이 없어
꿈결에 *망운의 천도를 빌며
소매 끝을 적시네

*작록(爵祿): 벼슬과 녹봉(祿俸)
*수구(首邱): 여우가 죽을 때 고향 쪽으로 머리를 둔다. 고향을 생각하는 마음이 항상 가슴에 가득 차 있다는 말.
*망운(望雲): 구름을 바라본다는 뜻으로 객지(客地)에서 고향(故鄕)의 어버이를 생각하는 일

인연

활짝 핀 꽃으로 만나
영원히 지지 않을 것 같던
인연의 꽃 사랑
오래지 않아 퇴색된 채
숨결마저 싸늘한 이별 통고에
가슴을 치다

그리움으로 다가와
아린 가슴 움켜잡고
긴긴밤 눈물과
벗을 삼지 않으려거든
외롭고 고독해도
함부로 연을 맺지 마오

속이려는 형형한 눈빛과
진실 없이 뱉는 말을
간파하지 못하고

가슴 깊이 간직한 사랑
아낌없이 내어주고

미투리 신다 버리듯
추억으로 치부하려 들지만
가슴 한 켠에 묻어둔
맛과 향에

얼마나 울어야 하고
얼마나 아파야 아물지
끝이 없다 하더이다
그대여, 함부로 인연을 맺으려 마오

청운지

*청운지
이루려다
풍상을 겪고 나서

굶주림
면하려고
음식 맛 안 가리고

사계에
좋고 싫은
의복 탓 아니 하며

눈물도
짐이 될까
*누선을 막아 놓고

인생사
*영고성쇠에
헛된 집착 않누나

*청운지(青云志): 입신출세의 대망. 청운의 꿈. 출세욕. 속된 세상에서 벗어나 은거하고자 하는 뜻. 고결한 염원
*누선(淚腺): 눈물샘. 눈물을 내보내는 두 개의 샘
*영고성쇠(榮枯盛衰): 영화(榮華)롭고 마르고 성(盛)하고 쇠함이란 뜻으로, 개인이나 사회의 성(盛)하고 쇠함이 서로 뒤바뀌는 현상(現象)

바보

허허로운 공간에
잊지 못할 친구를 두고

곤경의 멍에
허물이 되어

말 한마디 못 건네고
그리움만 쌓이는 것은

소심함의 극치
매너의 극치

바보 같은 행동에
자신이 미워진다

친구야!

띳집에 무문의 이름 석 자
걸 곳 없는 *빈사貧士이면 어떠랴

그까짓 *영고성쇠
덧없다 말고

졸문의 시 한 수에
인생사 담아 놓고

진정 가까이
살았으면 좋겠다

바보처럼
바보처럼 살았으면 정말 좋겠다

*빈사(貧士): 살림이 구차한 선비
*영고성쇠(榮枯盛衰): 영화(榮華)롭고 마르고 성(盛)하고 쇠함이란 뜻으로, 개인이나 사회의 성(盛)하고 쇠함이 서로 뒤바뀌는 현상(現象)

파락호

금과 옥 미색 품고
*지덕이 없다면야

천하고 품격 없는
*죽노만 할 리 없고

*꽃 살림 좋다 해도
구첩과 같을진대

*고간의 *향원에서
*비희만 일삼다가

살 송곳 풀칠한다
*험구를 들어가며

피골이 상접해도
*평종은 접지 않고

고락을 함께한 보배
조강지처 버리네

*파락호(破落戶): 재산이나 세력이 있는 집안의 자손으로서 집안의 재산을 몽땅 털어먹는 난봉꾼을 이르는 말
*지덕(至德): 덕행(德行)을 갖춘 사람, 덕행은 바르고 착한 행실을 뜻함
*구첩(口妾): 말로만 내 여자'라는 의미
*죽노(竹奴): = 죽부인(竹夫人) 여성이 사용하던 것은 죽노(竹奴)라고 불렀다.
*꽃살림: 남자가 조강지처를 두고 다른 곳에 첩살림을 차리는 것을 말하는 옛 우리말
*고간(股間): 사타구니=샅1(1. 두 다리의 사이)
*향원(香園): '향기 나는 동산'을 뜻 함
*비희(祕戱): '남녀(男女)의 성교(性交) ' 를 달리 이르는 말
*험구(險口): 남의 흠을 들추어 헐뜯거나 험상궂은 욕을 함
*평종(萍蹤): 부평초가 떠다닌 자취라는 뜻으로, 각처로 유랑함을 이르는 말

달맞이꽃

혹한에 갈 곳을 잃고
홀로 울던 홀씨 하나

홍 청매 앙상한 그늘에
뼛속까지 시린 잔설을 덮고

봄꿈에 젖었던
가련한 영혼

눈물 강 언덕배기에
자리를 튼 채

그리움에 겨워 그늘진
삶의 무게 밤이슬에 씻기고

그대만 바라보는
당신만의 꽃으로 피어

이글거리다 물든 노을빛에
노란 분단장을 하고

가녀린 모습으로
이런 마중을 나와

습풍에 가사 장삼 벗어놓고
고깔만 쓴 채

지친 삶
한풀이를 하듯

백로와 왜가리
여울목 넘어다보듯 한다

바람

언제 어디서나
새롭게 다가와 스치고 가는
바람아 넌 침전된 마음
휘휘 흔들어 놓고
흐르는 물처럼
두 번 다시
연을 맺기 싫다 하고서
선과 악은
계절의 길목에 걸어둔 채
어디서와 어디로 가니
세월을 따라나선
시곗바늘처럼
다시 만날 수 없는 운명 앞에
연 닿은 만사를
매몰차게 버리고 떠나가며
왜,
왜 그리 숨어 울며

눈물을 흘리니
동구 밖
진산을 돌아가며
뒤돌아보지 않을 거면서
왜,
왜 눈물을 흘리며
숨어 울며 가니

유월의 연가

연록잎 살풋 들고 스민 햇살
천년바위에
걸터앉아 조는 유월
나와 당신 우리는 누구이고
내가 누구이며
어느 터에 적의를 두고
아당지지 못하고
붉은 밭을 일구는고.
유월의 넋 자유의 길 열어놓고
고향 산천에
하얀 백골로 구르는데
언행과 생각,
먹은 마음을 뒤집지 못하고
잔줄거리며
지향할 곳을 잃고
두려워 떨고 있는 격 없는 풍진세상
자유가 오가야 할 길
구분을 못하고 길 없는 길을 간다
청정한 국토에
주상절리처럼 켜켜이 쌓인

백골을 달구던
파리한 초하의 빛 미약해지니
서녘 변방에
곱게 채색된 구름처럼
눈물로 얼룩진 아린 유월
헤아릴 수 없고 끝도 없이 많은 죄
사할 줄 모르며
광란의 질주를 멈추지 않는
금수 같은 자들과 함께
칼춤을 추는 미혹한 그대여
앞으로 가려면
앞으로 가려면 뒤를 돌아보라
잘못된 것을
바로 잡아야 하는 것은
늦은 듯해도 늦지 않은 것이니
넋이 되어 절규하는
원혼들 앞에
사악한 전주곡을 멈추고
차라리 번뇌로 가득 찬 고해의 삶
잔년을 헤아리니
초로의 표주박 같은
빈 가슴에 한풀이를 해다오
역겨운 삶
시비를 가리지 않을 테니

한마음 한뜻으로

손가락을 자른 마음
태극기를 흔들며 지른 함성,
총칼에 바친 목숨 한이 되어
돌부리에 새긴
이름 석 자를 안고 흘린 피눈물,
앙가슴에 묻은 사연 모두
파헤치면 한마음
손 발가락을 찔러 흐른 선혈
검사 하나 마나
김치, 된장을 먹는 우린 한민족,
나약해 당한 36년의
치욕이야 어쩌랴만
독립의 마음 해방의 마음 또한
한마음이 아니었던가,
사상과 이념의 앙금으로
38선의 한을 남기고도
70년 세월을 지지고 볶는
모리배들의 치졸한 앙금은
우민이 갈망하는
거름이 되지 않으니
옥문을 열 듯 마음의 문을 여소서

사회주의 사상은
공산화로 가는 길목의
숙주일 뿐이니
우매한 백성 뉘 바라겠는가,
통일을 향한 염원처럼
자유 민주주의를 향한
평화의 마음도 한마음이기를
이데올로기로
38선을 넘나들며
애민정신을 강조하고
*무신불립을 외치지만
*혹세무민을 일삼는
리더와 국민들의 정신이
썩은 나라는 미래가 없으니
반쪽의 뜰에 둥지를 튼 친구여!
나의 동포여!
조국을 지키려는 뜨거운 가슴에
붉은 낙인을 찍고
한마음 한뜻으로
아름다운 이 강산 흠 없이 물려주고 가자

*무신불립(無信不立): 믿음이 없으면 설 수가 없다.
*혹세무민(惑世誣民): 세상을 어지럽히고 백성을 미혹하게 하여 속임

흑역사

죽이고 짓밟으며
진실을 호도하는 인간들의
사상과 이념의 벽은
허물어지지 않으니
서로 물고 뜯으며 없애려는 것이다
지는 것 참는 것이
능사가 아니란 것을 알지만
물과 기름 같이 화합되지 않으니
부패해 썩어간다.
자유 민주주의를 수호하며
쌓은 공적들을 지워야
자기들의 뜻을 세울 수 있으니
우민들의 눈치를 보며
한꺼번에 취하지 못하고
하나씩 들추어 짓밟고 뒤집으며
어리석은 우민을 선동해
*삼언시호를 하는 그들은

해충이 나뭇잎을 갉아 먹듯 야금야금
자유를 침탈하는 것이다.
피로 얼룩진 헛짓을 한 역사를 지우고
진화하는 것이
그들이 추구하는 민주혁명이라지만
화려한 실패를 한
과거로의 회귀하는 것이 아닌가,
자신들의 생각만 옳다고
주장하지 말고 더불어 살아가는 것이
올바른 사회상이다
앙금으로 같은 실수를 반복하며
*공의를 저버리고
자신들이 저지른 삿됨을
합리화하려는 그네들이
표방한 저울은
시소를 타듯 널뛰듯 하고
잣대의 눈금은 고무줄 같은
파렴치한 행동을 하고도
부끄러워할 줄 모르는 위선자들이며
자신들만을 위해
약자를 짓밟고 일어서려는

피도 눈물도 없는
극한의 삶을 사는 인간들이다
곤궁에 처한 삶일지라도
등 뒤에 적이 있다는 것을 되새겨
옳고 그름을 구별해
또 다른 우를 범하지 않았으면 하면서도
그나마 반쪽의 정의가 살아 있어서
겉으로 드러내지 못하고
비밀의 영역인 양 숨기려 들지만
민주란 미명아래
사회주의로 가려는 수작일 뿐인 것을
만천하가 다 아는 사실 아닌가,
사상과 이념의 *탐착에 매인
인간의 자만이 얼마나
무서운지 인지하지 못하니
잘못된 판단을 바로잡으려는
생각하지 않고
자유를 위해 싸우며
사회주의 사상과 이념을
받아들이지 않는 자들을 흔들어 혼돈 속에
자유 민주주의자들이

이룩한 공적을 말살하려고
폭력이 난무한 행동을 하는 것이다
그러나 자유를 갈망하는 자들은
곳곳에 있어서 그들을 능가하니
선대들의 피눈물로
이룩한 역사를 지우려 하지 마라
가까이서 쉽게 느끼지 못할 뿐
모든 악의 운명은
선으로 회귀하는 것이 순리이며
내분內紛의 화합이
남북의 화합 통일보다 우선이니
나를 내세우지 말고
나를 버린 삶을 살다 가자
그곳에 갈구하는 모든 것이 깃들어있으니.

*삼언시호(三言市虎): 사실이 아닌데도 말 하는 사람이 많으면 듣는 사람은 이를 믿는다
*공의(公義): 공평하고 의로운 도의. 가톨릭 선악의 제재를 공평하게 하는 하느님의 적극적인 품성. 가톨릭의 사회정의 이론이 여기서 나왔다.
*탐착(貪着): 만족할 줄 모르고 탐하는 마음을 버리지 못함

인생

꿈을 품은 청춘이었기에
가든 길 돌아설 수 없었고

불꽃같이 타오르는
정열이 있었기에
지칠 줄 모르던 삶

지혜롭지 못하고
덤벙거리며
빈 곡간 비질만 하다

검은 머리 성성하고
밝든 눈
적은 것 보이지 않으며
적은 소리
들리지 않는다.
세월 탓을 하지 말자

덧없는 세월과 하늘은
*천이를 지녀도 *만류에
관심을 두지 않으니

공(功)은 쌓기 나름이며
인생은
스스로 만들어 가는 것이거늘
자랑할 만 한일
한 줄도 남길 수 없어
슬픈 노래 부르며
가슴으로 우는 눈물 더해가도

이루지 못한 야망
쓴웃음 한번 웃고 말자
탐욕의
속성을 드러내 무엇하랴
*현답이 없는 것이 인생이 아니더냐.

*천이(天耳): 하늘의 귀. 세상 사람의 일을 듣고 안다고 한다.
*만류(萬留): 세상에 있는 모든 것
*현답(賢答): 현명한 대답

팔자

귀하고 소중한 삶
딱 한 번이자 마지막인데
스쳐가는 인연
*청담 나눌 이 없고
*묵계도 없지만
제 팔자
제가 꼬고 펴니
함부로 하지 말고
마음을 밝혀
앉은뱅이 백치라도
연이 닿는 대로
반기며 두 눈 흡뜨고
자성하며 살면 족하지
잡초 뽑아
내동댕이치듯
괄시할 일 무엇이 있으랴
도우려 말고
헌신도 말고
*비견의 마음으로

눈비 함께 맞으며
교만하지도 비굴하지도 말고
생각을 되새겨
언행을 쉽게 하지 말며
벗어놓고
내려놓고
*무애의 삶
도탑게 살다 가자
고고한 척
*비의를 지녔어도
인생 백 년 사른 후 천년 집 한집이니

*청담(淸談): 명리(名利)를 떠난, 맑고 고상한 이야기. 남의 이야기를 높여 이르는 말
*묵계(默契): 말 없는 가운데 뜻이 서로 맞음. 또는 그렇게 하여 성립된 약속
*비견(比肩): 앞서거나 뒤서지 않고 어깨를 나란히 한다는 뜻 낫고 못할 것이 없이 정도가 서로 비슷하게 함을 이르는 말.
*무애(無碍 · 無礙): ① 공간의 일부를 차지하지 않는 것. 장애되지 않는 것. ② 막힘이나 걸림이 없음. 거침없음. 거리낌 없음. 구애받지 않고 자유 자재함.
*비의(秘義): 쉽게 드러나지 않는 은밀한 뜻

파란 낙엽

가녀린 가지 끝에
정情 하나 걸어놓고

신 새벽
삶에 지쳐 다박다박 걷는
나그네 어깨 위에
살며시 걸터앉는 쓸쓸한
파란 낙엽

무슨 사연 있었기에
꽃보다 화려한 선홍빛 추억
남기지 못하고
찬 이슬 맞으며
몰래 떠나야 하는가

서러움 참지 못해
파란 눈물 훔쳐

서쪽 하늘가에 흩뿌리고

춘삼월 *매탁도 하지 않은 채
삭풍에 떠밀려
돌아오지 못할 먼 길을 간다

*매탁(媒託): 미리 굳게 언약(言約)을 맺어 둠

여름

요염한 자태로
담장에 걸터앉아

배시시 웃는 꽃잎
유혹을 뿌리치고

삼복 길을 가야 하는
나그네 겨워할 제

포플러 우듬지에
훈풍이 지나는 듯

침침한 *안혼 가득
푸른 잎 춤을 춰도

머리 위 *소천은
한결같이 넘치네

*안혼(眼昏): 눈이 어둡다
*소천(小泉): 옹달샘

계곡

역겨운 풍진 세상
어디서 웃으랴만

계곡물 고운 소리
성난 듯 흘러가니

청산도 우울한 듯
온종일 말이 없네

어르고 달래본들
네 마음 알 리 없고

이학이 전부이니
변천의 혜안 없어

상황을 파악 못하고
우매함만 탓하네

*치복천하 탐령불견 사의각도 약우행시(痴覆天下 貪令不見 邪疑却道 若愚行是): 어리석음 속에서 이 세상이 어두우니 세상을 바로 보는 사람도 드물다.

불귀

변변치 못한 중생
융숭한 대접 받으며
신세만 지다
다가오는 세월에
늙음과 *이수를 피하지 못해
꽃 같은 세월 매듭을 짓고
빈손으로 돌아가오
희로애락이
한순간 꿈인 것을
이상을 찾아
무한 질주를 하며
왜 진작 욕심 한 자락
내려놓지 못하고
그대 곁에 머물며
왜 그렇게
왜 그렇게 힘들게 했는지 미안하오
빈부귀천이야
물레 돌 듯한다지만

살가운 말 한마디
공(功) 하나 남기지 못하고
말없이 간다고
너무 서운타 마오
누구나 가야 하는
불 보듯 뻔한, 짧은 인생길
나무만 보고
숲은 보지 못한 채 살다
*신명으로
조금 일찍 나선 것뿐이오.
머무를 곳 어디일지 몰라도
주머니 없는
옷 한 벌 얻어 입고
불귀의 길을 가니
그리울 때마다
멀리서 밤하늘 달이나 함께 보세나

*불귀(不歸): 한번 가고는 다시 돌아오지 않거나 또는 돌아가지 아니함. 곧 죽음을 일컬음
*이수(二竪): 병마
*신명(神冥): 신의 가호(加護)

길(2)

풍진 세상 역겨워
*고이 선택한 길을 가야 하는
나는 두렵지 않아
가는 길이
험하고 힘든 길이어도
멈출 수는 없어
태산준령을 넘으며
세월을 살라도
꿈을 깨지 못하고
욕망의 덫에 갇혔어도
사력을 다해 벗어나
차가운 시선을 빗기며
원망할 곳 없는
가던 길을 갈 거야
지극히 고상한
마음의 길
이상향의 길

초라한 *풍촉잔년에
내가 가는 이 길이
갈망하던 그 길이라면
길 따라 세월 따라
정과 사랑을 나누며
배려와 용서가 공존하는
유토피아로
가는 길이라면
화양연화를 만끽할 수 있는
그곳으로 가는 길이라면
하루해 두레박
떨어지는 듯해도 나는 가겠네

*고이: ① 겉모양 따위가 보기에 산뜻하고 아름답게. ② 정성을 다하여. ③ 편안하고 순탄하게.
*풍촉잔년(風燭殘年): '바람 앞의 촛불처럼 얼마 남지 않은 인생'이라는 뜻으로, 여생이 얼마 남지 않은 것을 비유하는 고사성어

타인

여보게
고통과 눈물 없는 삶 어디 있고
아프지 않은 사랑 어디 있으며
이상향을 꿈꾸지 않은 청춘 어디 있던고

만남 뒤에 이별까지
정해져 있으니 멍든 가슴에 뉘
그리움 하나 묻지 않고 살라만은
만사 덧없는 일 아닌가.

꽃 같은 청춘 바쳐
온 천하를 얻고
제 목숨을 잃으면
영웅이란 칭호는 얻을지 몰라도

두 가슴에 한을 남기고
목숨과 바꾼다면 묻은 의미가 있으며
무엇과도 바꿀 수 없는 목숨을 버려
온 천하를 얻어 놓으면

더럽히지는 말아야 할 것 아닌가

*인의로 뼈를 묻으며
세사에 나를 버려야 좋고
나를 아끼며 좋아하는 일을 하면
타인은 나를 저버리니 말일세

물질로 생명은 살 수 없으나
물질로 기아와
병든 자들은 구제할 수 있으니
베풀고 용서하는 마음으로 살되
운명으로 받아들이고

책무를 다하는
초인처럼 타인으로 살며
세월은 펑퍼짐한
엉덩이로 문지르며 꽃 같은 청춘
세사에 얽매이지 말고
타인들처럼 주름살 펴고 사세나

*인의(仁義): 어짊과 의로움

오월

귀양살이도 영어도 아닌
삶의 울에 갇혀
포강에 떠다니는 *연자 같은 심정
보리여울 빈 배에 올라
마파람에 일렁이는 들녘
그윽한 보리 향에 취한다

금이야 옥이야
귀한 선택을 받았으나
세상은 있으나 마나 한 듯
영혼이 맑은 자의
순수한 하얀 마음
잔인한 오월의 햇살 물든
서녘 변방을 물새처럼 가로 난다

허기진 들개처럼
물고 늘어져 헐뜯는
인정 없는 세상
어느 한 곳 *육구만달을 본 듯
반길 이 없는
회색빛 도시 궁벽한 삶의

겉치레를 벗어
썩은 *율령의 가지에 건다
삶의 근원과 정맥이 말라
바람꽃처럼 날려도
아침이슬 모여 흘러
여울을 이뤄도
문드러진 심사 씻기지 못하리라

잔인한 오월이여
물 같이 바람같이 살라 마라
*무진등이 되라 마라
자비도 자애도 싫다

희미한 황촉불 같이
서글픈 세상 살다
스러지는 날까지 *지음 하나면
*일모불발도 이제 나는 싫다

*연자(蓮子): 연밥(연꽃의 열매)
*육구만달: 잎의 줄기가 6개인 산삼
*율령(律令): 형법, 행정법, 법령을 위반했을 때 처벌을 규정함
*무진등(無盡燈): ① 불법한 등불로 백·천의 등불을 켜는 데 비유한 말 ② 밤낮 끊임없이 불을 켜서 꺼지지 않게 하는 등불
*지음(知音):소리를 알아듣는다는 뜻으로 자기의 속마음을 알아주는 친구를 이르는 말. 지기지우와 같은 뜻
*일모불발(一毛不拔): 자기 몸에서 터럭 하나를 뽑아서 천하를 이롭게 할 수 있다 하더라도 그런 짓은 하지 않겠다는 말

화분

회색빛 도시
이끼 돋은
너절한 담 너머로
살포시 스민
햇살 한 줌 받으며
뜰도 화대도 없이
옹색한 화분에
꽃을 피우려는 정성 갸륵하고
초로의 정서 곱다 하나
고운 마음 알싸해 보이는데
빛을 가르며
앵앵거리며 나는 것은
똥파리뿐이다.
벌 나비도 찾지 않는
삭막한 곳에
쪼그리고 앉아
간간이 토해내는 긴 한숨은

한이 서린
궁벽한 곳의 삶 달래려
궁여지책일 뿐
소인의
눈에 비친 그의 모습은
마음 둘 곳 없는
꽃 떨어진 화분 같다

파계

세사의 번뇌들이
별처럼 빛이 나니

선탑에 홀로 앉아
상념에 젖었다가

파랗게 깎은 머리
삿갓에 감추고서

고찰을 떠나오며
눈시울 붉히는데

업장을 빌러 오는
보살들 줄을 잇네

거룩한 파란 마음
파계로 녹고 녹아

법당에 황촉불 되어
과보로 눈물 흘리는 중생인도 하리라

*파계(破戒): 경계를 무너뜨리다, 금기를 거부하다.

용상

장마당에서 목청 높여
잡화를 팔 듯
애타게 호소하며
부르지 말고
내 이름도 팔지 말게
환심을 사려고
번지르르한 말과
그럴싸한 표정을 지으며
우민의 이름 팔아
권좌에 오르고 나면
초심과 혜안은 간곳없고
바라공주의
눈을 피해 우민을
짓밟는 자리가 그자리라지
청맹도 아니고
두 눈이 시퍼렇게 살아 있는
우민의 코를 베려는

매몰찬 행동은 하지 말게
처처마다 시궁창 같이 썩어
구린내 나는 것을
온 장바닥 장돌뱅이들도
알고 있으니
아웅 하려 들지 말게나
현실을 망각하고
생각이 다르다고
적으로 간주하여 적의
칼날을 보며 휘두르지만
우민의 질투는 보지 못하는
우매한 자여
화합도 타협도
좁쌀만큼의 배려도 없이
빈 한 선비들마저 콩 팔러
보내지 말게
중천을 넘나드는
강림도령은 잡아가지 않고
무엇을 하시는지
여보게, 시대의 인재라 한들
앞날을 알지 못하며

마음이 편치 못하면 몸도
편치 않으니
좋은 세상 잠시 왔다 가는 인생
후일을 생각해
저만치 남은 날이라도
세상사 한번 다독여 보게나
도탑지 못한 마음속에
인정이 나겠는가만
인간이 금수만 못하면
분노한 신을 만날 것이며
적 뒤에 적은
나와 그대이고
한걸음 앞이 그대의 영어일세
명심하게나.
푸른 둥지엔 잠시뿐
평생 앉을 용상이 없네

혼魂

햇빛 한 줌 품에 안고
찾아드는
바람 한 줌 등에 지고
새소리 물소리
벗 삼아 살다
귀히 여기지 않고 버려도
실없다
눈 흘기지 않으며
그립다 하지 않아도
다시 찾는
걸림 없는
*실다운 너 이 들이랑
살다 가리
생의 근원 물 쓰듯 쓰다
벗어놓고
내려놓고
탐욕 모두 버리고

티끌처럼 살다 가리
영원한 벗
어진혼과 도탑게 지내다
원망도 탓도 않고
바람처럼
구름처럼 살다 가리
그리울 테니
*지음하나
고운 마음에 담아 가리

실답다(實): 꾸밈이나 거짓이 없이 참되고 미더운 데가 있다.
*지음(知音): ① 음악의 곡조를 잘 앎. ② 새나 짐승의 울음을 가려 잘 알아들음. ③ 마음이 서로 통하는 친한 벗을 비유적으로 이르는 말

사월(2)

한 잎 낙화에
봄빛이 줄어들며

봄날을 재촉하니
사월이 가네

뽀로통히 입 내밀고
사월이 가네

하초의 아카시아
재 넘어오네.

저만치 찔레 향이
재 넘어오네

바짓단 동동 걷고
보리 여울 건너오네

오월이 오네

갈기를 빗기며
오월이 오네

푸른 말 타고 오네
오월이 오네

계절을 괴는 마음
어설픈 삶에 얽매였는데

기다림(4)

들국화 피고 질쯤
갈잎을 밟고 가며

꽃피는 춘삼월에
오신다. 언약한 님

온종일 까치발에
기린목 되었는데

뉘 품에 고이 안겨
세월을 삭히는고.

파락호 *유련황락
내 익히 알지만은

히어리 봄 노래에
언 마음 녹아들어

찔레 향 삼베에 싸서
님에게 보내 놓고

찔레꽃 원혼처럼
새하얀 모습으로

밤꽃 향 그윽할
초하의 밤을 고대하며
긴 밤을 지새네

*유련황락(流連荒樂): 이곳저곳을 놀러 다니며 주색에 빠짐

영웅

재치와 무용
이 뛰어난 영걸들은
대부분의 말로가 비참하다
그것은
자신을 돌보지 않았거나
하던 일을
중단하지 못함에 있다
진정한 영웅호걸은
하던 일을
스스로 멈췄을 때 빛이 난다
추억과 역사는
현재와 과거를 잇는 것이지만
돌이켜 보면 한 공간이다
영웅호걸도
학문 외에 좋아서 하는 일이라도
때가 되면
중단해야 하는 것은

아무리 잘해도
자리에 연연하면 추해 보인다
영웅불패
지피지기라지만
신념과 용기는 허울에 묻히고
지나친 자신감에 도취되거나
자만이 지속 되면
언젠가 패가망신하기 마련이다
영웅이 되기는 쉬우나
지키는 것은 어려우니
한순간 희열에
눈물을 흘리지 마라

*재지(才智): 재주와 지혜(智慧·知慧)
*무용(武勇): 무예(武藝)에 뛰어나고 용감(勇敢)함
*영걸(英傑): ①영웅(英雄)과 호걸(豪傑) ②뛰어난 인물(人物)

산

까마득한 하늘 너머
흰 구름 쉬어가는 너를 보다가
아득히 먼 곳에서
숲을 보다
노을이 물든 이제야
향긋한 너의 곁을 거닐어 본다
산아, 오늘도 나는
재담 청담을
들은 듯 만 듯 하는
무심한 너를 보려고
천금 같은 하루를 보냈다.
산아 너는
천금보다 귀한가 보다
하지만 육담을 하며
가슴을 닫은 자들도
싫다 않는
너의 존재 이유는

너를 위함이 아니며
내가 읊는 노래는
나를 위해 읊는 것이 아니다
산아 너와 나는
촛불처럼
동질보다 연정이다
타인을 위해 존재하는 산아
나를 품은 산아
오늘도 나는
너를 사랑하지만
수려한 너 하나만을 사랑한 것이 아니다

*재담(才談): 익살과 재치를 부리며 재미있게 이야기함. 또는 그런 말
*육담(肉談): 저속하고 품격이 낮은 말이나 이야기
*청담(淸談): ① 명리(名利)를 떠난, 맑고 고상한 이야기
② 남의 이야기를 높여 이르는 말

초인超人

무거운 삶의 멍에
오롯이 짊어지고
이상의 꿈을 실현할 수 없는
길을 가는 젊은이들이여
용기를 잃지 말고 젊음의 패기로 오라
그대들의 너덜너덜한
절망의 넝마 내가 질 테니
희망과 푸른 꿈을 지고 오라
흔들리는 외나무다리에서
삶의 끈을 잡으려
난해한 정신세계를 동경하며
주저앉아 열광해 무엇하랴
청이 비어 물독을 오가느니
차라리 우를 범하더라도 고매하지 못한
초로인 내가 *초인이 되어
세상을 다 준다 해도
*육허의 어느 신에게도
세상 어느 군주에게도 순응하지 않으리다
희망이 사라져 삶이 겨워 우는

청춘들 앞에
*잠명이 있어 무엇하랴
고통뿐인 삶을 짊어진 자들이여
망설이지 말고 내게로 오라
가슴을 닫지 말고 열어젖힌 채 오라
그대들의 아이콘인
내가 왔으니 주저하지 말고 어서 오라
그대들을 가로막는
모든 장벽을 없애줄 테니
하늘을 찌를 기백을 가지고 오라
풍진 세상을 만나
조국과 삶을 짊어지고 우는
젊은이들아 청춘들아
사상과 이념의 갈등을 풀어헤치고
정열과 열정을 품은 채 오라
그대들은 희망이요,
나의 보배이며 세상을 이을 근원이다
주저하지 말고 와서
감성은 두고 이성으로 살자는
염원은 바른 세상인데
지성 감천은 빈말인가
이념의 선홍빛 만연해 가는 전반에
더러운 패륜아의 피
곳곳에서 썩어 자유의 오장육부를 파괴해도

눈물로 호소를 해도
단지를 해 혈서를 써서
그들 앞에 무릎을 꿇고 통곡을 해도
부질없는 짓이니
뒤돌아보지 말자 멈추어 떨지 말자
꽃 같은 청춘 시궁창 같은
세상에 헌신해 무엇하랴
청운의 꿈이 꿈틀거리는 광야로가
젊음의 피로
비전이 있는 스토리를 쓰자
청춘들아 죽음을 각오하고 일어나
우리가 다시 쓰자
철학도 배려도 없이 겉수작이 난무한
선배들을 뜻 모아 추방하자
비관적인 일들의 채찍 아래
낙관할 수 없는 파국으로 향하는 질주를
구경만 하랴 지혜를 모아
청춘들의 꿈을 위해
지향하는 자유와 평화를 위해
진취적으로 나아가
제동을 걸자 하면 되리라
지성과 선의와 정의는 사라지고 없다
권력을 쥐어준 자들이
억압당하는 세상

연민의 정을 바라 무엇하랴
이제 섬기는 더러운 노예근성은 버리고
반쪽의 뜰과 그대와 나의 운명은
스스로 지키며 헤쳐나가자
제어하며 만들어 가자
저주와 경멸과 비난만 하지 말고
진화한 *초인이 되어
퇴락해 평범하지 않아도
정의가 살아 있는 곧은 세상에서
*웅지를 크게 가지고
*이상향의 꿈을 키우며
우리 함께 뜻을 모아 극복해 나아가자
청운의 꿈이 꿈틀거리는
광야에 우뚝 서서 이상을 실현하면 되리라

*육허(六虛): 천지(天地)와 사방(四方)
*초인: 스스로 자기 자신을 극복하는 사람. 위버멘시(쉬) 일반적으로 인간의 불완전성이나 제한을 극복한 이상적 인간을 일컫는 말
*잠명(箴銘): 마음에 새겨 자신의 삶을 위한 지침이자 경계하고자 하는 뜻을 담은 글
*웅지(雄志): 웅대한 뜻
*이상향(理想鄕): 인간이 생각할 수 있는 최선의 상태를 갖춘 완전한 사회. 유토피아

여보게(2)

여보게!
명주실로 하늘을
가릴 수 있어도
비단으로 마음을
가릴 수 없으며
귀신도 사랑에 빠진 눈을
가릴 수 없고
빗장으로 그리움을
막을 수 없으며
돈으로 미인과 황금을
살 수 있으나
한 치 속에 있는 마음은
살 수 없으며
삿된 말 한마디에
목숨을 잃을 수 있지만
고운 말 한마디로
묵은 빚도 탕감하며

재물로 욕심을 채울 수 없고
세상만사 뜻대로 되지 않으며
여명이 밝아오면
온갖 잡새 지저귀고
석양이 지면 새들도
일상을 접어 둔다네
복은 마음이 깨끗함과
겸소함에서 생기고
화는 탐하는 데서 생기며
행복은 마음 한켠에
깃들어있는데
어이 마음 하나
내려놓지 못하는고
여보게, 이제
소확행을 실천하며 사세나

객기客氣

백발이 성성해도
속절없는 세월
실없이 가든 말든
마음은 사월의 들녘 같고

갈마드는 사계는
*역천을
거역하지 않았는데

*구이지학이 전부이니
혜안이 없어 감동의 글
남기지 못하여 마음 한켠 아리다

고향 주막 술독에
단 한 번 술 떨어지는 일
없으니 박주산채로 달래면 되지만

돌돌이 피고 지는 꽃이야
누구를 위해
피고 지는지 모르니

꾸짖어 무엇 하며
눈물지어 무엇하랴

봄바람
망건을 스쳐
알싸한 마음 시려도

*소인은
왠지 정강이 털 하나 뽑아
날리고 싶지 않네

*역천(逆天): 천명(天命)을 어김
*구이지학(口耳之學): 들은 것을 자기 생각 없이 그대로 남에게 전하는 것이 고작인 학문
*소인(騷人): 시인(詩人)과 문사(文士)를 일컬음

청렴

너덜너덜한 세상
삶의 무게 겨워
일상을 탈피해 날려고 하다

난관을 만나
빌어먹어도 성인이라면
도둑질은 하지 말고

코가 석 자라도
목숨 부지에 탈 없으면
늙고 병든 자들과
가난한 이웃 사랑으로 돌보며

탐욕에 눈이 멀어
부정한일로
재물을 모으려 하지 말고

비루먹은 짐승이라도
죄 없는 생명
함부로 죽일 생각하지 마라

남보다 학식이 높아도
배움을 청하지 않은 이를
가르치려 들지 말며

행색이 남루해도
얕잡아 보지 말고

경국지색 영웅호걸이라도
색을 탐하여 아랫도리를
함부로 돌리지 말며

잠시 남보다 우위에 있다고
미움과 객기로
함부로 칼을 쓰지 마라

적 뒤에 적은 우리 바로 나이니라

수절

화려한 꽃그늘에
넋을 놓고 앉은 침묵

꽃 진자리에
파릇한 사랑둥이
별처럼 촘촘히 맺혔는데

붉은 가슴에
사랑의 낙인을 찍으라 드니
남은 꽃잎마다
사무친 그리움 찰랑찰랑하다

초점 잃은 눈빛
메마른 애증의 강에
타는 감정 달래려 단침을 삼킨다

탱탱한 가슴

삭지 않은 채 두고 간
그대 못 잊어

빗살 꺾어 꽃잎을 들치고
깊은 신전의 봉긋한
암술을 잡아당겨 빗살을 꽂는다

비애의 꽃
멍든 가슴에 필 때까지

사월의 시린 눈물
아린 가슴에서 멎어
붉은 사랑의 낙인 씻기지 않게 하소서

제자리

적의 적은 우리 편이나
자아의 선은 있어야 한다
대상이 있다 해도
사고를 무시하고
자기 혼자 생각하고
존재하는 것처럼
행동하는 것은 위선이며
민주를 지향하는
자신의 철학도 없이
현실을 위배하면서까지
앞잡이들의 삿된 행동을
걸러내지 못하고 모방한
치졸한 짓으로
욕구를 충족시키려는 것은
인지 능력을 가졌다 해도
자유란 *미명 앞엔
허울만 사람이지

금수만 못하다
사상과 이념에 매여
가죽 속에 피고름 가득한
자들을 모아
부끄러운 행동을 하며
보다 점잖은 척 잘하는 척
*치환으로
남의 이목을 가리며
뻔뻔하게 표현하는
어리석은 자의 행동은
작은 변화가 있다 해도
상통할 수 없는 꿈일 뿐이며
현실에 맞지 않는 이상은
그리워함만 못하다

*미명(美名): 그럴듯하게 내세운 명목이나 명칭

*치환(置換):①바꾸어 놓음 ②어떤 것의 순열을 다른 순열로 바꾸어 펼치는 일 ③일정한 대상으로 향하여 있던 태도나 감정이 다른 대상으로 돌려지는 일 / 치환; 억압된 욕구를 제3자가 대리 해소하도록 하는 행동이 바로 치환이다. 옛 여인들이 우물가에서 시어머니를 탓하며 내리치던 빨랫방망이, 다듬이돌, 물항아리와 바가지 등이 치환 대용물이다.

청춘(4)

척박한 삶터에서 투박한
청춘을 앞세워 청운의 꿈
소담하고 앙증맞게 피우려다

구름 속에 숨은 단비를 찾지 못해
백발이 성성하도록
쉼 없이 걸어온 길 역겨워

먹물 갈아
밤새워 우는 것을

모질고 험난한 세상을
자각하지 못하고 맞서
거칠고 깊이 없는 질박함을 앞세우다

먹물 갈아
밤새워 우는 것을

꽃은 지면 다시 피건만
청춘은 불귀라
서러움 참지 못하고

먹물 갈아
밤새워 우는 것을

까치발 들고 기다리다
그리움으로 피운 꽃
*작야의 사랑 비에 지고 마니 가여워

먹물 갈아
밤새워 우는 것을

이지러진 달빛아래
설화 같은 꽃잎 날리는 밤
별빛이 반짝여도

온종일 먹물 갈아
밤새워 우는
청춘만큼 반짝이랴만

썩을 놈 곱던 몰골
마른 *목밀이 되어
먹물 갈아 밤마다 우는 것을 모르리

*작야(昨夜): 어젯밤
*목밀(木蜜): 대추나무의 열매

산막의 봄

비 개인 산막
저만치 흰 구름 일제
*보헤미안의 파계승

선탑에 앉아
경이로운 자연을 만끽하다
망중한에 젖어 들고

공양주 보살
대바구니 옆에 끼고
산채를 뜯으러 나서며
긴 한숨 끝에 관세음보살
과보의 한을 토하니

잔솔 밑에 비를
피하던 장끼 날개를 털며
까투리 찾는 소리 드높고

두견화 여우 빛에
젖은 꽃잎 말리며
길손 맞을 준비를 하네

남녘의 고즈넉한
산사의 뜰엔 만화가 지고
훈풍에 풍경 소리 그윽하다는데

*보헤미안: 집시, 방랑자 / 세상의 습속 등을 무시하고 예술 등을 지향하여 자유분방한 생활을 하는 사람

새벽길

아침 햇살을 머금고
소담하게 핀 꽃 같던 세상
갈기갈기 찢어져
너덜너덜한
똥 걸레 같지만
구유에 건초만 담는다더냐
사상과 이념은
붉은 변방으로 던져버리고
윤리 하나만이라도
소복하게 담아 놓고
진정한 선비 정신을 갖추어
궁핍해도 양심을 팔지 마라
앙금과 탐이 많아
많이 가지나 적게 가지나
진산에 올라
천년 집 짓고 누우면
너나 나나 같은데

허구뿐인 세상
콩팥을 가려 무엇하며
속고 속이며
잘났다 못났다
옳고 그름을 따져 무엇하랴
*소인의 망건 꼴이
하찮게 보이겠지만
행색에 잣대를 된들
인품을 가늠할 수 있으랴
양의 탈을 쓴
어리석은 위선자들아
인생살이 별것 없다지 않더냐.
당당한 세월 앞에
너와 나의
인생만사 노생지몽인 것을
동지 새벽길을 걸으며
아린 삶의 상념에 잠겨
*회한의 눈물을 훔친다

*소인(騷人): 시인과 문사(文士)를 통틀어 이르는 말.
*회한(悔恨): 뉘우치고 한탄함.

벗

꽃길을 걸으며
서로 다른 곳을
바라보니
이목은 같으나
생각은 각자 달라
온갖 꽃
다 지도록 한마디
말이 없어도
화사한 사월의 길목에
지음이 있어
타버린 까만 가슴에
다시 새길
희망을 찾을 테니
나는 좋아라
고운 마음 괴는 마음
나는 좋아라
동행 있고
벗 있는데
하고 버릴 말이야
해서 무엇 하며
들어서 무엇하랴

고향

팔공산맥 끝자락에
치마폭을 펼친 듯한 강촌
강물은 쉼 없고

학문을 하던
고택엔 글 읽는 소리
끊인 지 오래니 *사표師表가 없어

선대 *백세청풍의
고매한 마음 무상치만

나루터 고목은
희로애락을 엮으며
장승처럼 고향을 지키고

세월의 풍상을
삭히지 못한 사공과 주모는
멀고 먼 대해로 가고 없는데

긴 세월
*가납사니 길손은
주막을 오가며 반촌의 얼
안주 삼아 갈증을 푼다

무심한 강물 휘돌아가는
횡한 나루 피리 떼
촉을 내며 즐거워하고

가호마다
*가멸은 보기 좋아도
*초인이 되지 못해서인가
고향을 찾은 노객은 왠지 쓸쓸하다

*사표(師表): ①학식과 덕행이 높아, 세상 사람의 표적(標的)이 될 만한 사람 ②모범 인물
*백세청풍(百世淸風): 영원한 맑은 바람. 영원토록 변치 않는 맑고 높은 선비가 지닌 절개를 뜻하며 오랫동안 사표(師表)가 될 만한 후학들이 많이 나오길 바라는 마음.
*가납사니: 쓸데없는 말을 잘하는 사람
*가멸다: 재산이 많고 산림이 넉넉하다
*초인: 자기 자신을 극복해가는 사람

콩꽃

복더위 싫다 않고
수줍은 듯이
살며시 피는 꽃이여
돌 콩 얼치기 완두 불러다
정답게 피는 꽃이여
눈길 한번 받지 못하는
천하디
천한 꽃으로 피어
귀하디
귀한 결실을 남기려
삼복의 *고락
아랑곳하지 않고 피는 꽃이여
손길 따라
맛길 따라
화려하게 거듭나
접시에 담길 그날을 위해
살가운

눈길 한번 주지 않는
그대를 위해
꽃잎에 사랑을 새기는 꽃이여
박주산채와
개다리소반에 오를
그날을 위해
반드시 오고야 말 행복을 위해
복중에 피는 꽃이여
눈길 한번 받지 못하는 서러운 꽃이여

*콩꽃: 원산지-한국 / 꽃말-“반드시 오고야 말 행복"
*고락(苦樂): 괴로움과 즐거움을 아울러 이르는 말

봄의 연가

제멋에 산다지만
얼마나 보고팠으면
얼마나 급했으면

푸르른 실오라기 하나
걸치지 않고 잔설 찬바람
맞으며 홍 청매 폈다가 지니

진달래 목련 개나리
양지를 지키든 삼월도
새벽닭 홰를 친다

갈마드는
길목을 막을 수 없어
다채로운
꽃이 피어 유혹하는 사월

자연의 경이로움을 읊고
또 읊다가 탄할 뿐인데

뉘 지면에 담아
최고라 평을 하는고
이슬 맺힌 꽃잎을 보며 미소 지을 때

풀독을 알 리 없는
어린 누렁이 풀 맛에 취해
고개 들 줄 모르고

밭갈이하는 농부
화주 참 기다릴 제
꾀꼬리 종다리 드높이 날며

제 세상을 만난 듯
흥에 취했고 만물은
춤을 추는데 나의 무대는 없네

왜 돌아보오

고단한 삶을 살며
왜 돌아보오
묻은 미련이 남아 돌아보오

*삿(邪)된 일
용서할 일 남았나요.
옳은 일
칭찬할 일 남았나요

근본도 인성도 없고
배려할 줄 모르며
나만 좋으면 그만인 세상

*천연도
*삿(私)된 인연뿐이니

머리가 검든 희든
거두려 하지 마오
부질없는 짓이니

내가 있어 네가 살고

네가 있어 내가 사는
의미를 알고 살면 좋으련만

마음대로 뜻대로
되는 일 있든가요,

학벌 좋아 으스대고
가졌다고 거들먹거리며
자만에 빠졌으니

배우려고 애를 쓰고
없어도 극복하려고
노력하는 자가 낮지 않소,

허나, 욕심으로 인해
부질없다는 *자조에
갇히고 말 것을

이제 황혼이 지는데
고단한 삶 왜 돌아보오
묻은 미련이 남아 돌아보오

*삿되다(邪): 보기에 하는 행동이 바르지 못하고 나쁘다.
*천연(天緣): 하늘이 맺어 주어 저절로 정하여져 있는 인연
*삿되다(私): 보기에 하는 행동이 개인적인 성질을 띠고 있다.
*자조(自照): 자기를 관찰하고 반성함

맥령麥嶺 맥탄麥灘

우리 사는 세상
너무 힘드시지요.
본체만체하는 것을 아시면서
묻지 마세요

고운 얼굴 주름 깊어지고
허리가 휘어도
그냥 그러려니 하고 살자고요

함부로 하지 말라니
이목을 틀어막고 보고 듣고도
척하고 살라 하네요

할 말 못하고
사는 것이 맞는 건가요
자유가 그런 건가요
민주가 그런 건가요

사시사철 널 뛰듯 하는 저울
사시사철 들이대는 잣대
법치가 이런 건가요
이래도 되는 건가요

표방한 대로 잣대대로
정녕 살지 못하는 건가요
이렇게 살자고
꽁보리밥 깜장 고무신마다 않고
책보자기 둘러메고
등교하며 희망을 품고 살았을까요

추억이 된 지 오래지만
그대들은
지난겨울 보리밭 밀밭에
똥 장구를 져 날라 보셨나요,
엊그제 겨울 가고 봄이 왔는데
땟거리 걱정하시나요
바가지 들고
물독을 오락가락하시나요

보릿고개 함께 넘고

보리 여울 함께 건너고서
이밥에 고깃국 먹으며
그르지 마오, 그러는 것이 아니요

고비 허기 다 면하고
그러는 것이 아니요
지난날을 망각했더라도
그러는 것이 그러는 것이 아니여

덧없는 것이 세월이라지만
배우지 못한 한을 그대들은 느껴 보셨소,
윤택한 반쪽의 뜰
우리들의 희생으로 만들어 놓고
좋은 소리 한번 들어 보았소

그대들과 함께
이렇게 살자고 이렇게 살자고
그대들을 키워냈을까요
그러는 것이 그러는 것이 아니여

*맥령(麥嶺) 맥탄(麥灘): 보릿고개 보리 여울

초하

화려한 꽃 진지
어제인 듯한데
봄은 깊어
실록은 짙어만 가고
소담한 들꽃
벌 나비 머물게 하니
늘어진 버들가지엔
온갖 새들
그네를 타며 쉬어가고
메꽃 향 그윽한
들길에 소치는 아이
보릿고개
한나절 길기만 하더니
금조들 수줍은 듯
포강 줄풀에 숨어
단장을 하는
은빛 물보라에
봄빛이 사위어 가네

여여지

어느 한 곳에 얽매이지 않은
천둥벌거숭이처럼
세상 무서운 줄 모르고
꾸밈없이 무모한 행동을 자행하다

바람이 불듯 물이 흐르듯
순탄치 못하니
하해와 같은 사랑으로
넘쳐흐르던 물줄기마저 말라
거북등처럼 갈라지고

언저리에 따스하든 정은
얼 부풀다 말라비틀어져
석삼년은 불려야 할 것 같은데

순박한 중생은
악재의 상황 속에서 허우적거리며

*줄풀이라도 잡을 양
냉기 가득한 회색빛 도시에서
본성을 버리지 못하고

늙은 하이에나처럼
서릿발 솟듯 솟은
빌딩 숲을 기웃거리며
허물과 번뇌의 더러움에서 벗어나지 못해

수심이 가득한 몰골에
검은 꽃이 피는지
*학발이 날린 지도 모른 채
일상을 살라도

처처에 도탑던 정은
살 얼음장 같은 등짝만 보이니
초라한 삶의 흔적을 매만지며
어이, 자탄하지 않을 수 있으랴만

세상사 운명이라면
*본연대로 살다

태산 같은 삶 웃음 꽃 피고
*소요의 날이 깃들어

순박한 마음속에
연화와 같은 꽃 한 송이
필 수 있다면
*여여지의 지혜를 갖춰
*순고한 삶을 영위하기 바라며
숯덩이 같은 밤을
세월의 강에 훠훠 풀어놓는다

*여여지(如如智): 있는 그대로의 참모습을 체득한 지혜
*줄풀: 벼과의 여러해살이풀. 하천, 연못, 강가에서 자람
*학발(鶴髮): 학의 깃처럼 흰 머리털
*본연(本然): 본디 생긴 그대로의 타고난 상태
*소요(逍遙): 자유롭게 이리저리 슬슬 거닐며 돌아다님
*순고(淳古): 순박하고 예스럽다.

허심虛心

박토 같은 마음의 밭
갈고 닦지 못하니
번뇌의 싹만 무성한데

청춘은 황혼 속에 숨어
세월과 함께
긴 그림자로 눕고

귀촉도 밤이 깊도록
우는 심산

새벽 범종 소리
아랑곳하지 않고
선탑에 앉은 중생 허허로워

풍경 소리에
깨닫지 못한 빈 마음 띄우니

산사 옆 개울 물
동튼 줄 모르고 흐느끼네

*허심(虛心): 마음속에 아무 망상(妄想)이 없음

임아

서녘 변방에
황혼이 지면

초롱에
불 밝히고 임 찾아가리

차디찬 *성하 건너
*항아를 따라

그리운
우리임을 찾아서 가리

인생사 부질없어
속세를 떠나

갑산 고찰 찾아들어
*삭발위승 되었어도

그리운 임을 찾아
여부나 알아보고

파계가 싫다시면
속세가 싫다시면

나 또한
오욕락을 내려놓고서

수행하는 삭발위승처럼
*회귀의 본성을 찾아

소확행을
실천하며 살다 가리라

*성하(星河): 은하수
*항아(姮娥): 달 속에 있다는 전설 속의 선녀
*삭발위승(削髮爲僧): 머리를 깎고 승려(僧侶)가 됨
*회귀(回歸): 한 바퀴 돌아 제자리로 돌아오거나 돌아감

청춘 불귀

고달픈 인생살이
가난도 서러운데

초로가 되어
잔병마저 끊이지 않으니

갈망하는 *임정은
꿈이란 말인가,

봄노래를 하는 새는
변하지 않고

봄꽃들은 절기를
어기지 않으니

세월을 잡고 싶고
백발이 두려워 서랴만

인생을 낭비하며
단 한 번 잘한 것이 없고

청춘은 불귀라도

성성한 백발 덧없다
목 놓아 울 수조차 없네

언제 한번 내키는 대로
언제 한번 하고 싶은 대로 하고 살려나

*임정(任情): 제멋대로 하다. 마음대로 하다. 내키는 대로, 하고 싶은 대로

삶

부모의 몸을 빌어
세상에 태어나

들숨 날숨으로
잇는 실낱같은 목숨

본능의 생득을
막을 수 없어서

의식주 해결하려니
만사가 일어

보고 들음에
분별의 욕심 생기고

생각과 마음이
선과 악을 자아내어

육신을 움직임에
시비가 생기니

품행을 곧게 하여
남의 눈에 나지 말고

고결한 품격의 경앙 속에
참삶을 살다 가세

*생득(生得) : 태어날 때부터 선천적으로 갖추고 있는 능력.
*경앙(敬仰) :공경하여 우러러봄.

도량에 든 삶

여러 사람에 관계되는
국가나 사회의 일원으로
일하는 이는
다른 사람을 포용할 만한
도량을 지니고
깨끗하고 밝아야 하며

겉으로 드러나는 언행과
속으로 가지는 생각에
다른 것이 섞이지 않고
거짓이나 꾸밈이 없이 순수해야 하고

배려하는 마음과 용서의
품격을 잃지 말고
얼굴빛은 온화하고
부드러운 낯빛으로 웃으며
타인의 마음속에
의혹을 품게 해서는 안 되며

말은 누구를 대하나

고운 말로 성심성의를 다해
사랑으로 맞이하나
청렴 강직하며 소신을 저버리지 말고

독자적으로 사권을
행사할 능력을 갖추어
정의로운 일은 우직하게 밀고 나가되
동요하지 말아야 하며

나라를 다스리는 일은
반드시 모든 일에 미쳐야 하니
정안의 자세로
공론을 무시하지 말고
정론만 논하되 번복을 하지 말며

국가와 국민을 도탄에 빠트리는
행위를 해서는 아니 되며
지론을 펼치려면
우선 신망이 두터워야 한다

*도량(度量): 너그러운 마음과 깊은 생각 아량, 또는 일을 잘 알아 경영할 성품
*정안(正眼): ① 정법안장(正法眼藏)의 준말로 현재는 중단세(中段勢)와 비슷한 자세를 말함. 바른 법으로 눈에 모든 이치를 간직한다는 뜻. ② 똑바로 봄

■ 글벗시선 112 정재대 시집

돌에 핀 꽃

인 쇄 일 2020년 9월 25일
발 행 일 2020년 9월 25일
지 은 이 정 재 대
펴 낸 이 한 주 희
펴 낸 곳 도서출판 글벗
출판등록 2007. 10. 29(제406-2007-100호)
주　　소 경기도 파주시 와석순환로 16,(야당동)
롯데캐슬파크타운 905동 1104호
홈페이지 http://guelbut.co.kr
E*mail juhee6305@hanmail.net
전화번호 031-957-1461
팩　　스 031-957-7319
가　　격 12,000원
I S B N 978-89-6533-152-0 04810

* 잘못된 책은 바꿔 드립니다.